U0599099

新兴产业创新生态系统运行机制及政策体系研究

王楠 著

电子工业出版社
Publishing House of Electronics Industry
北京·BEIJING

内 容 简 介

2020 年 11 月，《中共中央关于制定国民经济和社会发展第十四个五年规划和二〇三五年远景目标的建议》指出，"发展战略性新兴产业"，进一步对新兴产业发展提出了明确的要求。本书从创新生态的视角切入，运用产业创新、系统科学、生态系统、演化经济等理论，分别对新兴产业创新生态系统的结构、功能、形成、运行和演化进行深入研究，并基于上述研究，构建了新兴产业创新生态系统的政策体系，以期对我国新兴产业创新生态系统发展的政策制定提供参考。

图书在版编目（CIP）数据

新兴产业创新生态系统运行机制及政策体系研究/王楠著. —北京：电子工业出版社，2022.6
ISBN 978-7-121-43596-6

Ⅰ. ①新… Ⅱ. ①王… Ⅲ. ①新兴产业－产业发展－生态系－研究－中国
Ⅳ. ①F269.24

中国版本图书馆 CIP 数据核字（2022）第 090081 号

责任编辑：管晓伟 特约编辑：李 兴
印　　刷：三河市华成印务有限公司
装　　订：三河市华成印务有限公司
出版发行：电子工业出版社
　　　　　北京市海淀区万寿路 173 信箱　　邮编：100036
开　　本：720×1 000　1/16　印张：11.75　字数：300 千字
版　　次：2022 年 6 月第 1 版
印　　次：2024 年 6 月第 2 次印刷
定　　价：100.00 元

凡所购买电子工业出版社图书有缺损问题，请向购买书店调换。若书店售缺，请与本社发行部联系，联系及邮购电话：（010）88254888，88258888。
质量投诉请发邮件至 zlts@phei.com.cn，盗版侵权举报请发邮件至 dbqq@phei.com.cn。
本书咨询联系方式：（010）88254460，guanxw@phei.com.cn。

前 言

　　历史上任何一次科学革命和技术变革都会催生新兴产业。抓住产业更替机遇是促进一国经济跨越式发展，跻身世界前列的重要历史经验。当前，新冠肺炎疫情持续演进，全球正在经历前所未有的大变革，各国纷纷在新兴产业领域进行布局，以期在国际竞争中占有优势地位。我国将发展新兴产业提升为国家战略，力争抓住这一轮产业变革的历史机遇。然而，我国新兴产业的发展长期依靠"引进消化、吸收、再次创新"的发展模式，导致关键核心技术长期受制于人。因此，构建高效运行的创新生态系统，从而提高自主创新能力对于我国新兴产业的发展至关重要。基于该目的，本书综合运用产业创新、系统科学、生态系统和演化经济等理论，从生态系统的角度对新兴产业创新进行研究。

　　首先，本书对新兴产业、创新生态系统和产业创新生态系统相关的国内外研究成果进行了系统的梳理和分析，并对新兴产业、生态系统和产业创新生态系统的内涵和特征进行总结。在此基础上提出了新兴产业创新生态系统的内涵，认为新兴产业创新生态系统具有整体性、层次性、开放性、多样性、复杂性、动态性、稳定性、栖息性、自组织性和可持续发展等特征。之后，基于生态系统理论，对新兴产业创新生态系统的结构和功能进行了详细分析。

　　其次，本书从创新主体集聚、创新资源集聚和流动以及创新群落的形成三个方面阐述了新兴产业创新生态系统的形成过程。具体地，通过对创新主体集聚过程的分析，揭示了新兴产业创新生态网络的形成过程，并利用生态系统能量流动和物质循环理论，分析了创新资源在系统内的集聚以及在系统内外的流动过程。此外，本书借鉴生态系统理论中的种群增长模型，构建了新兴产业创新生态系统的创新种群增长模型，并实证分析了生物技术产业的创新种群增长过程。结果表明，生物技术产业创新种群的增长符合 Logistic 增长模型。

再次，本书基于新兴产业创新生态系统的内涵、特征和结构，对新兴产业创新生态系统的运行机制进行了分析，具体包括动力机制、竞合机制、扩散机制和保障机制四个方面。其中，从内推和外拉两个方面对动力机制的要素进行甄别，通过对动力要素相互之间作用的分析，构建了动力机制运行的理论模型。之后，采用生态系统理论中种间竞争的 Lotka-Volterra 模型，对新兴产业创新生态系统的竞合机制进行分析。利用 Matlab 软件对不同情况下的创新种群竞争和共生关系进行仿真模拟，并选取新一代信息技术行业中电子真空器件制造业和半导体分立器件制造业进行创新种群竞合模型的仿真。仿真结果与实际结果高度吻合。此外，还分析了扩散机制和保障机制在新兴产业创新生态系统运行中所起到的作用。在上述分析的基础上，以高技术产业为例，利用超效率 DEA 模型和 Malmquist 指数法从静态和动态两个角度对新兴产业创新生态系统的运行效率进行了综合评价。

最后，从新兴产业创新生态系统的演化前提、演化过程和演化机制三个方面对新兴产业创新生态系统的演化进行分析。综合运用演化经济学理论和生命周期理论，探讨新兴产业创新生态系统演化的前提，并将新兴产业创新生态系统的演化过程分为孕育期、成长期、成熟期和衰退期。此外，本书从创新扩散的角度，分析了演化的遗传机制，并采用 Bass 扩散模型，实证分析了互联网产业宽带网络的扩散情况，并预测了未来的发展趋势；从适应性学习的角度分析了演化的变异机制，认为适应性学习的过程包括惯例搜寻和新惯例发现两部分；从被动选择和主动适应两个方面分析了演化的选择机制，并运用演化博弈理论对创新主体的适应性策略进行研究。

基于对新兴产业创新生态系统形成、运行和演化的分析，本书构建了新兴产业创新生态系统的政策体系。其中，新兴产业创新生态系统形成的政策体系包括：建立开放的创新生态系统环境、促进创新主体的成长和集聚、推动基础设施信息化转型；新兴产业创新生态系统运行的政策体系包括：加快提升系统创新动力、构建科技创新支撑体系和完善科技创新保障机制；新兴产业创新生态系统演化的政策体系包括转变政府职能和促进创新扩散。

目 录

第一章

绪论

第一节　研究背景、目的和意义

一、研究背景

从国际形势来看，当今国际社会处于百年未有之大变局的历史时期，全球的科技创新进入前所未有的活跃时期。科学新发现、技术新发明的爆发式增长正在加速推进新一轮科技革命和产业变革，并将对人类社会产生空前深刻的影响。面对新一轮大发展、大变革和大调整，大国之间的博弈愈发激烈。新兴产业代表了科技革命和产业变革的演进方向，是国际竞争中占据优势的关键力量。世界各国纷纷把发展新兴产业上升到国家战略地位。美国在量子信息、人工智能、5G 通信技术、自动驾驶、机器人等新兴产业领域进行布局，确保其在各个领域的全球领导地位。英国在 2017 年发布了《产业战略：建设适应未来的英国》，对人工智能、数据经济、移动交通运输、清洁能源、养老等方面进行战略布局，致力于成为第四次工业革命的全球领导者。德国在 2019 年出台的《国家工业战略 2030》中明确了其在航空航天、绿色科技、3D 打印等九大领域的领先地位，并强调要在数字经济、人工智能、电池制造等关键技术方面进行扶持，以巩固和发展德国和欧洲的技术领先地位。日本也先后出台了一系列的战略规划，将大数据、物联网、人工智能等新兴产业领域作为未来重点发展方向。

从国内形势来看，我国目前正处于新时代，科技创新成为我国未来发展的根本动力。2016 年，中共中央、国务院印发了《国家创新驱动发展战略纲要》，提出"三步走"的战略目标，指出要在 2020 年进入创新型国家行列、2030 年跻身创新型国家前列、2050 年建成世界科技创新强国。同"三步走"的战略目标相比，原有的产业体系存在运行困难、低端产业产能过剩，高端产业核心技术缺失等问题，不能满足我国新时期的发展需求，严重制约了我国科技和经济的发展，构建现代产业体系迫在眉睫。新兴产业是知识技术密集型产业，具有高附加值和低资源消耗的特点，是产业结构优化升级和科技创新发展的重要推动力量。因此，大力推进新兴产业的发展是我国新发展阶段、新任务的要求。

面对当前国际和国内形势，我国高度重视新兴产业，先后密集出台了一系列促进其发展的政策，使得新兴产业在我国得以快速发展。经验表明，新兴产业集群式发展对新兴产业的快速发展起到重要推动作用。其中，产业集群式的发展改变了产业链和创新链上各个主体之间的合作模式。企业、高校、科研机构、政府、服务机构等主体之间由原来的相互独立或短期合作转变为互相依赖的长期紧密合作。它们之间的互动逐渐形成一种开放的、复杂的且具有生态系统特征的网状关系。由此可见，我国新兴产业创新生态系统已经逐步形成。接下来，如何促进新兴产业创新生态系统的可持续发展，从而提升新兴产业创新能力和竞争能力应当是未来研究的重点。

二、研究目的及意义

本书拟运用产业创新理论、系统科学理论、生态系统理论和演化经济学理论，分析新兴产业创新生态系统的结构和功能，并从创新主体的集聚、创新资源集聚和流动，以及创新种群的增长三个方面阐述新兴产业创新生态系统的形成过程。随后，分别从新兴产业创新生态系统的动力机制、竞合机制、扩散机制、保障机制几个层面讨论新兴产业创新生态系统的运行。试图以高技术产业为例，对我国新兴产业创新生态系统的运行效率做出评价，并对新兴产业创新生态系统的演化过程进行详细的分析。通过对上述几个方面的研究，构建新兴产业创新生态系统的政策体系，以期对促进我国新兴产业创新生态系统发展的政策制定提供参考。

（一）理论意义

虽然关于我国新兴产业创新的研究成果较为丰富，但从创新生态系统的角度对新兴产业创新进行研究的文献较少，且相关研究也呈现出碎片化的状态，没有形成系统和完整的理论体系，无法真正地对实践起到指导作用。本书基于已有理论和研究，构建了新兴产业创新生态系统的研究框架，以产业创新理论为基础，结合生态系统理论、系统科学理论、演化经济学理论对新兴产业创新生态系统的结构、功能、形成、运行和演化进行深入研究。其中，主要运用生态系统理论和产业创新理论提出了新兴产业创新生态系统的内涵，并在此基础上具体分析了新兴产业创新生态系统的结构和功能；运用系统科学理论对创新主体和创新资源的集聚进行分析，并基于生态系统理论构建了新兴产业创新生态系统创新种群的增长模型，深入分析了新兴产业创新生态系统的形成过程；综合运用系统科学和生态系统理论，对新兴产业创新生态系统的运行机制进行研究，并引入生态学中的种群竞争和共生模型，利用仿真技术对创新种群间的竞争和共生模型进行仿真；运用演化经济学理论和演化博弈的方法对新兴产业创新生态系统的演化进行深入研究。本书的新兴产业创新生态系统的研究成果为新兴产业创新提供了理论支撑，并一定程度上丰富了产业创新理论。

（二）现实意义

新兴产业是我国构建现代化产业体系，跻身全球价值链中高端的重要推动力量，也是我国经济社会发展的重要引擎。事实上，我国很早就对新兴产业进行了布局，先后出台了"国家高技术研究发展计划""国家重点研发计划""国务院关于加快培育和发展战略性新兴产业的决定"等规划和政策。当前，我国新兴产业的规模不断发展壮大，新兴产业创新能力得到大幅度提升，新兴产业对国民经济的贡献率日益增长。但是，新兴产业在发展的过程中仍然受到关键核心技术受制于人、自主创新和引进消化能力差、市场配置机制尚未形成、科技资源使用效率低下、产学研协同创新和科技成果转化机制不健全等问题的制约。究其原因，新兴产业原有的创新和发展模式已经不能满足当前形势的需要，急需按照生态系统的逻辑和要求构建新兴产业创新生态系统。

　　本书正是从生态系统的角度对新兴产业创新生态系统的结构、功能、形成过程、运行机制和演化进行了详细地分析，并通过对高技术产业创新生态系统运行效率的评价，进一步量化了我国新兴产业的发展现状。一方面，本研究能够帮助新兴产业相关企业正确认识其在创新活动中应该承担的角色和与其他创新主体协同创新的重要性，为企业在创新方面的决策提供依据，并明确企业提升创新能力的有效途径；另一方面，本研究构建了新兴产业创新生态系统的政策体系，为政府构建和完善新兴产业创新生态系统、制定相关创新政策提供了思路上的参考。

第二节　国内外研究现状

一、新兴产业的研究现状

（一）新兴产业的成长和培育

　　国外学者 Nina Shapiro（1986）对创新、新兴产业以及新兴企业之间的关系进行了探讨。Van de Ven 等（1989）采用变化积累理论，考察随着时间推移的新兴产业的形成以及单个企业在新兴产业形成过程中的作用。Steven Klepper 和 Elizabeth Graddy（1990）通过构建模型，研究了影响新兴产业早期演化的因素是如何在成熟时塑造其市场结构，并将新兴产业演化的经验规律加以推广。Toby Harfield（1999）阐明合作和竞争对新兴产业发展的作用，且市场竞争比政府激励政策对新兴产业发展的作用更为重要。Vivekananda Mukherjee 和 Shyama V. Ramani（2009）从企业创造创新能力的独特性出发，探讨了新兴产业中研发合作的基本原理。Rajshree Agawal（2014）研究了新兴产业发展过程中，企业数量由多至少的变化过程。

　　国内学者任寿根（2004）基于新兴产业集群理论，对上海外高桥保税区新兴产业集群的形成进行了详细分析。庄亚明等（2007）基于区域集聚的产业演化机理，探讨了在区域集中中的优势产业要素的整合，并通过产业化形成新兴产业的过程。关涛和张永岳（2007）认为新兴产业的形成是由于技术进步、分工深化的推动和市场需求的拉动。吴照云和余焕新（2008）对新兴产业市场结构的演变进行了分析，认为新兴产业的市场结构最终会走向寡头垄断市场。尹中升和孟祺（2011）对产业集聚和新兴产业之间关系进行研究，结果表明产业集聚会促进新兴产业的成长。李晓华和曾昭睿（2019）以人工智能为例，分析了技术创新与新兴产业演化的规律。

（二）传统产业与新兴产业关系

学者对于传统产业和新兴产业互动关系的研究，主要从传统产业升级、传统产业与新兴产业协调发展、对传统产业和新兴产业关系的影响因素几方面进行。周叔莲和裴叔乎（1984）对传统产业和新兴产业之间的关系进行了理论分析，并提出了我国未来新兴产业发展的重点领域。薛虹和陆剑锋（2011）以江苏省启东市为例，基于灰色关联理论，对传统产业和新兴产业之间的相互关系进行分析。梁军和赵方圆（2016）实证分析了中国各省传统产业与新兴产业互动关系的影响因素，其中城市化水平、产业集聚、研发经费投入对两者之间的关系影响显著。吴言动和彭凯平（2018）认为传统产业向新兴产业升级需要经过行业筛选、跨界融合和建立新业务三个阶段，并分析了各个阶段传统产业升级的创新驱动机制。

（三）新兴产业的创新

国外学者 Murphy 和 Edwards（2003）分析了创新链和技术链融合对新兴产业创新的影响。Raven（2005）分析了新兴产业的三种创新路径，即市场推动、政府引导以及市场和政府共同作用。Norio Sawabe（2009）基于代理仿真模型，对创新网络在新兴产业中的形成过程进行研究。Ray（2010）研究了新兴产业在资源受到限制的条件下影响创新的要素（包括：企业家的领导力和远见）；通过架构创新来满足用户对可负担性，功能性和可操作性需求的模块化设计；本地知识基础的开发和本地创新集群的创建。Yun（2012）以韩国大邱-庆北地区的新兴产业为例，研究了新兴产业中小企业的开放式创新状况。

国内学者段小华和曹效业（2010）建立了有效的评价指标体系，对新兴产业的目标的达成程度、投入产出的收益以及创新收益进行了评价。陈芳和睦纪刚（2015）以新能源汽车为例，分析了新兴产业内的协同创新过程会经历孕育-萌芽-成长三个阶段。王家宝（2019）基于破坏性创新理论，以网约车行业为例，认为新兴产业破坏式创新过程分为初始破坏、加速破坏、创新趋同和创新重塑。康鹏（2020）以云计算产业为例，对新兴产业中技术创新部门进行分类，对不同部门在新兴产业创新中的作用进行分析。

二、创新生态系统的研究现状

（一）创新生态系统的内涵

"创新生态系统（Innovation Ecosystem）"概念最早由美国总统科技顾问委员会（PCAST）于2004年发布的《维护国家的创新生态体系、信息技术制造和竞争力》报告提出。该报告还指出："国家的技术和创新领导地位取决于有活力的、动态的创新生态系统，而非机械的终端对终端的过程。"Iansiti和Levin（2004）从生态位的角度，认为创新生态系统是由处于不同生态位的企业之间的互动所构成的。Metcalfe和Ramlogan（2005）认为创新生态系统是创新主体之间以及创新主体与外部环境之间的广泛联系所形成的。Ron Adner（2006）认为创新生态系统的主体是企业，而创新生态系统是一种将各个企业的创新成果协同整合的机制。Ritala（2013）从商业的角度对创新生态系统进行了定义，认为创新生态系统是通过技术、商业创新、创业等创新活动来创造和获取价值的系统。

国内学者分别从不同角度对创新生态系统的内涵进行研究和概括。曾国屏等（2013）认为，一般意义上创新生态系统具有复杂性的特征，是包括创新物种、创新群落和创新链的系统。赵放和曾国屏（2014）又对原有的概念进行了补充，重点强调了创新生态系统的动态性和自组织性，认为创新生态系统是系统内组织机构同创新环境之间动态交互的创新系统。

李万等（2014）认为，复杂、动态、开放、共生竞合的创新生态系统内，创新群落与创新环境之间的互动是通过信息流、物质流和能量流来实现的。冉奥博和刘云（2014）认为，创新链上的各个创新主体之间通过信息流联结实现技术的充分利用和发展的复杂系统即为创新生态系统。吴金希（2014）提出了不同于其他学者的创新生态体系概念，即创新主体、创新资源和创新环境之间相互依赖，具有稳定性和独立性特征，最终实现共生共赢的组织体系。张贵和刘雪芹（2016）提出，创新生态系统是由一定时间和空间范围内与创新活动相关的各主体、网络和环境构成具有自然生态特征，动态、开放的系统；系统能够有效配置创新资源，并促进创新要素之间的协调和合作。孙冰（2016）认为，创新生态系统是在一定时空范围内，与制造业企业相关的创新主体之间，通过物质流、信息流和能量流的协同合作，促进创新资源的有效配置的具有动态性和平衡性的系统。陈健等（2016）和陈劲等（2017）都从创新网络的角度定义创新生态系统，认为与核心企业或平台相关的各个主体，通过与外部环境的信息交互、动态演化来创造价值和实现利益共享的创新网络，即为创新生态系统。

企业层面，张运生（2008）和张利飞（2009）均认为，高科技企业创新生态系统是在全球范围内，以客户需求为出发点、以统一的技术标准为桥梁，协同开发相关配套技术的利益共享、风险共担的相关企业和组织，形成的具有类似自然生态系统特征的创新体系。刘雪芹和张贵（2016）认为，创新生态系统是以壮大企业、增强企业抗风险能力为目的，企业及其利益相关的创新主体、创新物种、创新种群和创新群落之间，通过技术、制度相互作用和影响，以实现知识创造且具有动态性、共生性和可持续性的"生命"系统。

区域层面，张贵和吕长青（2017）认为，各个区域内的创新主体基于技术、人才等创新要素相互作用和影响，所形成的稳定、独立的区域生态网络体系即为区域创新生态系统。刘兵（2019）同张贵的观点一致，但更强调了系统的开放性和复杂性，以及创新主体同创新环境的互动关系。

产业层面，赵放和曾国屏（2014）认为，产业生态系统是企业生态系统的集合。何向武等（2015）认为，产业创新生态系统是以知识、技术和信息为纽带，基于某种产业的物质条件和文化环境，在产业中不同的创新群落以及创新环境之间相互作用和影响的大系统；该系统具有开放性和复杂性，并具备自适应与修复、学习与发展的功能。孙源（2017）

认为，产业创新生态系统是指产业链、价值链和生态链上相互联结的创新群落，在创新环境的影响下，通过物质流、能量流和信息流的交互作用，构成共存共生、动态演化的系统。

（二）创新生态系统的特征

关于创新生态系统的特征，学者们提出了各自的观点，如表 1-1 所示。大部分学者认为，创新生态系统具备多样性、复杂性和动态性的基本特征。一些学者（黄鲁成，2003；何向武等，2015；刘畅和李建华，2019；傅春等，2019）还强调了创新生态系统具有的系统本身的特征，例如系统性、整体性、层次性和耗散性。创新生态系统虽然是动态的，但其会在变化的过程中达到某种稳定的状态（杜传忠和刘忠京，2015），这个过程是通过创新生态系统的自组织演化来实现的。一方面，系统内的创新要素之间相互作用和影响（李万等，2014；郑春峰，2016）；另一方面，由于创新生态系统是开放的（邵云飞和霍丽莎，2018），系统内的创新要素会随着外部创新环境的变化进行自我调控（董铠军，2017），促使系统进入新的发展阶段，最终实现创新的可持续发展。

表 1-1　不同学者关于创新生态系统特征的观点

年份	作　者	观　点
2003	黄鲁成	整体性、层次性、耗散性、动态性、稳定性、复杂性、调控性
2014	李万，常静，王敏杰等	多样性共生、自组织演化、开放式协同
2015	杜勇宏	动态性、多样性、不确定性
2015	杜传忠，刘忠京	动态性、稳定性、创新的可持续性
2015	何向武，周文泳，尤建新	动态性、多样共生性、系统性、演化性、栖息性
2016	郑春峰	要素聚集性、多样性共生、自组织演化
2016	孙冰，徐晓菲，姚洪涛	复杂性、平台性、共同演化性
2017	李春发，陶建强，孙雷霆	动态性、多样性、创造性、
2017	董铠军	动态稳定性、层次性、多样性、基于环境的自我调控

续表

年份	作　者	观　点
2018	邵云飞，霍丽莎	多主体、多要素互利共生、动态性演化、开放化协同创新
2019	刘畅，李建华	生态系统性、要素多元性、创新共生性
2019	傅春，王宫水，李雅蓉	动态演化性、多样共生性、制度驱动性、系统关联性

（三）创新生态系统的构成

美国总统科技顾问委员会（PCAST）发布的名为《维护国家的创新生态系统：保持美国科学和工程能力之实力》的研究报告，阐明了美国的经济繁荣和在全球经济中的领导地位得益于一个精心编制的创新生态系统，它由几个卓越的部分组成：发明家、技术人才和创业者；积极进取的劳动力；世界水平的研究性大学；富有成效的研发中心；充满活力的风险资本；政府资助的聚焦于高度潜力领域的基础研究。国外学者Deborah Jackson 在其报告《什么是创新生态系统？》中提到，创新生态系统包括：资金、设备等物质资源；大学、科研机构、商业公司、风险投资机构等实体机构；学生、教师、研究人员等人力资源；洲和地方经济发展的商业援助组织、融资机构和决策者等。

基于研究内容的需要，国内学者们分别从不同的角度对创新生态系统的构成进行了划分。傅羿芳和朱斌（2004）认为，高科技产业集群持续创新生态体系包括：由制造类创新主体构成的创新网络关系，研究类和中介辅助类的创新群落，产业集群内部和外部的创新环境。王娜和王毅（2013）认为，产业创新生态系统包括：产业体系、硬件条件、软件条件、人才和外部环境五个要素。李万等（2014）从群落的角度将创新生态系统划分为：研究群落、开发群落和应用群落三部分。杜勇宏（2015）基于三螺旋的理论，认为创新生态系统中包括了：创新组织、创新种群、创新群落和创新环境几部分。何向武等（2015）从系统的角度将产业创新生态系统分为：内部环境、外部环境和创新群落三个子系统。宋晶等（2017）研究了创新生态系统与经济增长的关系，认为创新生态系统是由创新主体、服务机构、资源要素和创新环境组成。刘畅和李建华（2019）

认为，五重螺旋创新生态系统是由异质性的创新主体及其所处环境构成的。费艳颖和凌莉（2019）从国家创新生态系统的角度认为，创新生态系统是由创新环境、创新主体、环境与主体之间的创新资源流动，这三个要素构成的。

（四）创新生态系统的运行机制

学者们分别基于不同的视角和情景，对创新生态系统运行机制进行研究。区域层面，黄鲁成（2003，2004）对区域技术创新生态系统的稳定性机制、调节机制和生存机制进行了深入研究。陈劲等（2017）从嵌入性视角研究了创新生态系统的网络运行机制，并以美国 DARPA 为例，对创新生态系统的运行机制进行了深入的分析。崔杰等（2018）基于创新惯例的转移，并以西安软件园为案例，详细分析了创新生态系统的运行机制。产业层面，杨剑钊和李晓娣（2016）详细分析了高新技术产业创新生态系统运行机制。张笑楠（2016）构建了我国战略性新兴产业的创新生态系统，在分析了内涵和特征的基础上，进一步对其运行机制进行了深入研究。甘天成和可星（2019）利用自然生态系统的理论，提出了十五种了新兴产业的创新生态系统的运行机制。龚常（2019）重点分析了长株潭区域产业创新系统的运行机制，并对其未来的运行趋势进行了预测。王丽平等（2017）在分析科技服务业创新生态系统的内涵、特征和构成的基础上，设计构建了科技服务业创新生态系统的运行机制。刘畅和李建华（2019）基于五重螺旋理论，对创新生态系统的协同创新机制进行了研究。

（五）创新生态系统的演化机制

学者们利用不同的理论和模型，来分析创新生态系统的演化问题。部分学者对创新生态系统的演化机理进行了理论分析。曹如中等（2010）分析了创意产业创新生态系统的演化机理；陈瑜等（2016）借鉴生态位理论分析新兴产业创新生态位演化机理；周叶和黄虹斌（2019）运用自组织理论，对战略性新兴产业创新生态系统的演化进行剖析。还有一些学者通过构建模型，对创新生态系统的演化路径进行研究。陈瑜和谢富纪（2012）、刘兵等（2019）引入生态学中的 Lotka-Volterra 竞争捕食者模型，分别模拟了中国光伏产业生态系统和创新生态系统区域创新生态系统的演化路径；雷江慧等（2017）和孙丽文等（2017）均采用 Logistic 增长模型，对创新生态系统的演化机理进行深入分析；孙金花等（2019）融合了 Lotka-Volterra 和 Logistic 模型，并结合案例深入分析了高校主导的创新生态系统的演化；张贵和刘雪芹（2016）基于生态场理论，构建了网络作用力模型，对创新生态系统的演化进行研究；孙冰等（2016）利用多层分析框架来分析创新生态系统的演化过程；欧忠辉等（2017）通过建立创新生态系统共生演化的动力学模型，利用计算机仿真对创新生态系统的演化进行分析；王芳等（2018）构建了产业创新生态系统的演化模型，并对新材料上市公司的演化进行了仿真分析。另有学者通过案例分析的方法研究创新生态系统的演进问题。王宏起等（2016）采取解释性案例的研究方法，以比亚迪新能源汽车为例，研究新能源汽车创新生态系统演进机理；郭燕青等（2017）基于扎根理论，以沈阳市浑南国际新兴产业园 IC 装备产业为例，探索创新生态系统的演进规律。

三、产业创新生态系统的研究现状

国外学者 Adner 和 Kapoor（2010）以半导体光刻行业的创新生态系统为例，分析了上游组件和由公司客户捆绑的下游补充组件对核心企业的创新竞争优势的影响。Suresh 和 Ramraj（2011）认为，产业创新生态系统发挥其促进创新的作用，取决于政府、市场、文化、技术等多种要素的共同支持。Hwang 和 Mahogunje（2013）指出，产业创新生态系统未来应该朝着高效率合作、平台式竞争和创新主体共生演化的方向发展。Autio 和 Thoms（2014）认为，产业创新生态系统中各个创新主体之间的相互合作和共生演化能够促进系统的发展。Chae 和 Bongsug（2019）以大数据行业为例，分析了数字创新生态系统的一半框架。

国内学者也从不同的角度对产业创新生态系统进行了研究。梅强等（2013）构建了战略性新兴产业创新生态系统模型。王娜和王毅（2013）通过对产业创新生态系统要素和互动关系的分析，提出了产业创新生态系统内部一致性模型。郑志和冯益（2014）以文化创意产业为例，构建了与文化创意产业相匹配的创新生态系统结构模型。宋燕飞等（2016）以上海汽车产业为例，构建了产业创新生态系统模型。孙源（2017）基于共生视角，对产业创新生态系统进行了研究。李红和左金萍（2018）以 IMEC 为例，构建了高新技术产业创新生态系统知识产权的价值获取模型。鲍萌萌和武建龙（2019）基于产业创新生态系统的视角，对新兴产业颠覆性创新的途径进行了研究。

四、国内外研究现状的评述

本书旨在对新兴产业创新生态系统进行研究，故从新兴产业、创新生态系统以及产业创新生态系统三个方面，对目前已有的国内外研究成果进行梳理分析。分析结果表明，国内外学者在相关领域已经取得一系列丰富可观的成果，但仍然存在一些不足，主要体现在以下几个方面：

第一，从新兴产业的研究成果来看，对新兴产业的研究主要集中在新兴产业的成长和培育、传统产业与新兴产业的关系以及新兴产业的创新等方面。此外，对于新兴产业创新的研究，主要是集中在创新过程、创新效率和创新影响因素等方面，对新兴产业创新相关要素之间互动关系的研究鲜有涉及。

第二，从创新生态系统的研究成果来看，现有文献的研究视角主要是基于国家层面、企业层面的研究。从区域层面和产业层面研究创新生态系统的文献相对较少，且现有文献侧重于从静态角度探讨创新生态系统的内涵、特征和结构。对创新生态系统的形成过程、运行机制和演化方面的研究相对较少。

第三，从产业创新生态系统的研究成果来看，已有研究是立足于战略性新兴产业、高技术产业等领域。虽然这些产业同属于新兴产业范畴，但大部分研究未能从新兴产业本身出发。如何构建新兴产业创新生态系统的一般研究框架，还有待进一步研究。

第三节　研究思路与研究内容

一、研究思路

本书基于产业创新理论、系统科学理论、生态系统理论和演化经济学理论，以新兴产业作为研究对象，构建了新兴产业创新生态系统。从结构、功能、形成、运行和演化几方面对其进行研究，并基于这几个方面的分析，构建了新兴产业创新生态系统的政策体系。本书的研究思路具体分为以下几个部分：

一是基础研究。通过对已有研究成果的梳理和分析，提炼出新兴产业创新生态系统的内涵、特征，并结合生态系统理论对新兴产业的结构和功能进行研究。这部分是全文的基础部分。

二是核心研究。结合生态系统、系统科学、演化经济学和产业创新等理论，对新兴产业创新生态系统的形成、运行和演化进行理论分析和实证分析。这部分是本书的核心部分，也是研究的重点和难点。

三是政策体系研究。通过理论分析和实证分析的结果，构建新兴产业创新生态系统发展的政策体系。

二、研究内容

本书共包含八个部分，每个部分的内容分别如下：

第一章为绪论，主要论述研究背景、研究目的、研究意义，对新兴产业创新生态系统的相关研究进行整理、总结和评述，并介绍本书的研究思路和研究内容，以及阐述本书所用到的研究方法和可能的创新点。

第二章为相关理论基础，分别介绍本研究用到的产业创新、系统科学、生态系统和演化经济等理论，为之后的研究奠定理论基础。

第三章为新兴产业创新生态系统的结构和功能分析。该部分首先对新兴产业创新生态系统的内涵进行界定，并从新兴产业创新生态系统的组分和构成要素之间的关系对结构进行分析，同时详细地阐述新兴产业创新生态系统的基本功能、自适应和修复功能、资源配置优化功能以及风险规避功能。

第四章为新兴产业创新生态系统的形成研究。本质上，新兴产业创新生态系统的形成就是创新主体的集聚、创新资源的集聚和流动以及创新种群增长的过程。该部分首先分析新兴产业创新生态系统的集聚过程，在此基础上，分析新兴产业创新生态系统链式结构和创新网络的形成过程。之后，对创新资源的集聚和流动过程进行详细阐释，并构建创新种群增长模型，利用该模型分析生物技术产业创新生态系统创新群落的形成过程。

第五章为新兴产业创新生态系统的运行研究。该部分对新兴产业创新生态系统的运行机制进行了详细分析。在此基础上，以高技术产业为例，构建高技术产业创新生态系统运行效率的评价指标体系。首先采用超效率 DEA 模型，从静态角度对高技术产业的 6 大行业和 21 个细分行业的创新生态系统运行效率进行评价；之后又采用 Mamquist 指数法，从动态角度对高技术产业创新生态系统运行效率在 1996～2016 年间的动态变化进行分析。

第六章为新兴产业创新生态系统的演化研究。该部分基于演化经济学理论，对新兴产业创新生态系统演化的前提、演化过程和演化机制进行分析。其中，运用创新扩散理论，对新兴产业创新生态系统的遗传机制进行研究，并利用 Bass 模型，实证分析互联网产业创新生态系统中宽带网络的扩散。另外，还运用演化博弈理论，分析新兴产业创新生态系统中创新主体的策略选择问题。

第七章为新兴产业创新生态系统的政策体系研究。该部分从建立开放的创新生态系统环境、促进创新主体的成长和集聚、推动基础设施信息化转型三个方面，构建新兴产业创新生态系统形成的政策体系；从加快提升系统创新动力、构建科技创新支撑体系和完善科技创新保障机制三个方面，构建新兴产业创新生态系统运行的政策体系；从转变政府职能和促进创新扩散两个方面，构建新兴产业创新生态系统演化的政策体系。

第八章为结论与展望。该部分对本书的研究进行了总结，并提出了研究中存在的不足和未来需要改进的方向。

本书的技术路线图如图 1-1 所示。

第四节　研究方法

本书主要用到文献研究法、理论分析法、仿真实验法、数据包络分析法、博弈论分析法等研究方法。

文献研究法，通过查阅与新兴产业创新生态系统的相关文献，对新兴产业创新生态系统的理论和研究进行较为全面的梳理，在此基础上总结和提炼出新兴产业创新生态系统的内涵和特征。

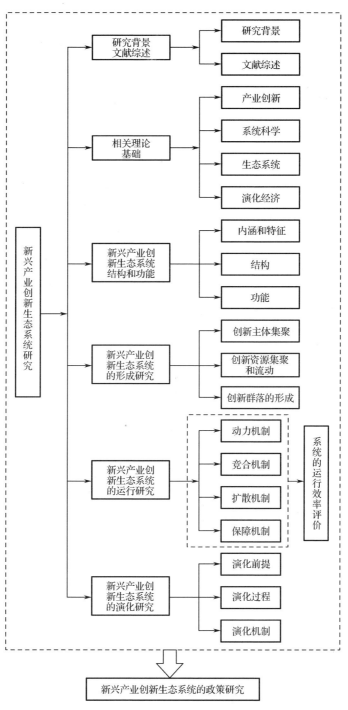

图 1-1　技术路线图

理论分析法,借鉴系统科学理论,对新兴产业创新生态系统的形成、运行和演化进行理论上的分析,并结合生态系统理论和产业创新理论,构建新兴产业创新生态系统的研究框架。

仿真实验法,运用 Matlab 软件对新兴产业创新生态系统创新种群间的竞争和共生关系进行仿真模拟,更为直观地展现创新种群在不同条件下的相互关系。

数据包络分析法,运用 DEAP 软件和 DEA-SOLVER pro5 软件,采用超效率 DEA 模型和 Malmquist 指数法,对新兴产业创新生态系统的运行效率进行评价分析,找到影响新兴产业创新生态系统发展的主要因素和问题,从而提出优化新兴产业创新生态系统的路径。

博弈论分析法,运用演化博弈理论,对新兴产业创新生态系统中创新主体的最优选择策略进行分析,确认实现最优策略所需要的条件,从而找到促进创新主体协同创新的实现路径,并为决策者制定相应的政策提供参考。

第五节　可能的创新点

本书从生态系统的视角对新兴产业创新进行分析和研究,可能的创新点主要有以下几个方面:

第一,目前对新兴产业创新生态系统的研究多集中于战略性新兴产业或高技术产业等特定产业领域,对一般化的新兴产业创新生态系统鲜有论述。本书基于对新兴产业、生态系统和产业创新生态系统等相关概念的分析,提炼和阐释了新兴产业创新生态系统的内涵和特征,并结合生态系统理论,详细分析了新兴产业创新生态系统的结构和功能,构建了研究新兴产业创新生态系统的一般框架,具有一定的创新性。

第二,基于对新兴产业创新生态系统运行机制的理论分析,构建了新兴产业创新生态系统运行的评价指标体系。采用超效率 BCC 模型,从静态角度对我国高技术产业 6 大行业和 21 个细分行业的创新生态系统运行效率进行评价;采用 Mamquist 指数法,以我国高技术产业 1996~2018 年的统计数据为基础,从动态角度分析了我国高技术产业创新生态系统的运行效率。

　　第三，基于演化经济学的分析框架，对新兴产业创新生态系统的演化前提、过程和机制进行了分析。在对新兴产业创新生态系统演化的遗传机制进行分析时，采用了创新扩散理论，并实证分析了新兴产业创新生态系统的扩散过程。此外，在研究新兴产业创新生态系统演化的选择机制时，基于演化博弈理论、采用博弈分析法对创新主体的决策过程和演化稳定策略进行分析。

第二章

相关理论基础

第一节　产业创新理论

一、创新理论的提出

创新活动一直伴随着人类历史的进程，但最早提出"创新"这一概念的是著名经济学家熊彼特。1912 年，熊彼特在其专著《经济发展理论》中首次提出了"创新理论"，并在 1934 年翻译成英文时使用了"创新（innovation）"一词。在此之后，熊彼特又相继在其著作《经济周期》和《资本主义、社会主义和民主主义》中对"创新理论"进行了扩展，深入分析了资本主义经济的结构因素、创新特征和经济周期等方面，并对资本主义经济的长期发展趋势进行了预测，形成了以"创新理论"为核心的经济发展理论体系。

熊彼特认为"创新"是指建立一种新的生产函数，即在生产体系中引入生产要素和生产条件的新组合。其中，生产函数是指在一定的时间范围和技术水平不变的情况下，生产要素的投入和最大产出之间的数量关系。如果技术水平发生变化，生产要素和生产条件形成了新的组合，则生产函数也会发生变化，即实现了"创新"。熊彼特认为企业是新组合实现的主体，企业的经营者只有从事创新活动才能成为企业家，即企业家是"创新"的倡导者和实施者。熊彼特将创新和发明进行了区分，他认为创新包括五个方面的内容：一是引入新产品，即制造一种与之前的产品完全不同的产品；二是开辟新的市场，即在原有的市场中开辟一个从未进入过的领域；三个应用新的生产方式，即采用与之前生产工艺完全不同的方式进行生产；四是开发新的供货渠道，即生产中所用到的原料和半成品的供给来源是新开发的；五是实现任何一种新的组织形式，例如，通过改变财产的组织形式或者所承担的法律责任，从而形成新的企业组织形式（熊彼特，1990）。

二、产业创新的内涵

随着熊彼特创新理论的发展，许多学者开始从产业的角度研究创新。国外学者坎宁安（N. J. Cunningham）于1960年最先使用"产业创新"这一词语来讨论经济周期中的创新（李保红，2010）。然而，最早系统地提出产业创新理论的，是美国经济学家克里斯·弗里曼（Chris Freeman）。他在其著作《工业创新经济学》中，实证分析了不同产业的创新。结果显示，不同产业中创新的侧重点是不同的。例如，电气产业主要侧重于市场创新，化学产业主要侧重于流程创新。根据侧重点的不同，产业创新可以分为：技术、产品、流程、管理和市场五个方面的创新（弗里曼和苏特，2004）。

克里斯·弗里曼之后，又有许多学者对产业创新经济理论进行了更为深入的研究。其中，迈克尔·波特（Michael Porter）从宏观层面提出了产业创新的本质。他认为产业创新就是：当人力资源、物力资源等资本相对于其他要素资源更为丰富时，国家发展资本或技术密集型产业所具有的比较优势。他还提出，国家的竞争优势取决于一国产业创新和产业升级的能力（波特，2007）。可见，波特是基于全球视角，将产业创新的分析框架融入国家竞争理论中。

马克·道格森（Mark Dodgson）和罗艾·劳斯维尔（Roy Rothwell）在其1996年合著的《产业创新手册》中，对产业创新的本质、起源和产出进行了详细阐述，并对各行业进行了实证分析，提出了影响产业创新的关键因素。道格森和劳斯维尔的产业创新理论，在国际上具有较强的影响力。之后许多学者对产业创新的分析，都是基于他们所构建的产业创新分析框架。

还有一些学者从产业创新的层次来研究产业创新。Gereffi认为产业创新分为四个层次：产品层次上的创新、经济活动层次上的创新、部门内层次上的创新和部门间层次上的创新。其中，产品层次上的创新是指对原有的产品进行改进，从而生产出更为复杂的新产品；经济活动层次上的创新是指提高与经济活动相关的能力，包括设计能力、生产能力和营销能力等；部门内层次上的创新是指新产品和新服务的创造；部门间层次上的创新是指产业结构的升级，即从低层次的劳动密集型产业向高层次的资本和技术密集型产业转变。

在 Gereffi 研究的基础上，Humphrey 和 Schmiz 以企业为核心，提出了产业创新的四个层次。一是流程创新，即对原有的生产系统进行重组，或者引入更高级的技术进行生产；二是产品创新，即从低端生产线向高端生产线转化，从而生产出与之前完全不同的产品；三是功能创新，即从基本加工到贴牌生产再到自主创造的功能升级；四是链创新，即把在某一个环节所获得的创新能力应用到一个新的领域，实现产业链的升级。

综上所述，学界仍然没有对产业创新的权威定义。但根据前人的研究，产业创新实质上是不断破坏旧的产业结构从而形成新的产业结构的过程。

三、产业创新的特征

（一）产业创新具有基础性和综合性

产业创新是国家创新体系中的一部分，是国家创新政策、创新活动的载体。因此，产业创新在国家创新体系中发挥着基础性的作用。此外，产业是由众多企业所构成的不同行业的集合，故产业创新包含着企业个体的创新。反之，对于企业个体创新来说，产业创新则发挥了综合性的作用。

（二）产业创新具有整体性

产业创新关注的是整个行业的创新，而不是部分企业的局部创新。因此，产业创新包含企业个体创新以及在整个产业创新中的扩散过程。只有创新在整个产业中得到推广，实现了全产业的技术、产品、流程、管理和市场每个环节的创新，产业创新才能得以真正地实现。

（三）产业创新具有系统性

创新活动本身就是一个复杂的系统。产业创新涉及多个部门的合作。企业是产业创新的直接主体，而高校、科研机构、服务机构等部门，则需要为创新提供人力、物力、财力等资源。同时，产业创新属于国家创新系统的一部分，势必会受到国家创新政策和宏观经济环境等影响。各个部门和组织之间错综复杂的关系形成一种网络式结构，影响产业创新的发展。可见，产业创新是一项系统工程，不仅受到各个组织的影响，还受到环境的影响。

第二节　系统科学理论

一、一般系统论

英国著名哲学家怀海特（Alfred North Whitehead）在 1925 年发表了《科学与近代世界》一文。他认为自然现象是由事件构成的，而事件的本质是一个不断变化的过程。故而，他提出要把自然现象看成一个生物有机体，而不是一种机械运动。同年，美国学者洛特卡（Lotka）发表了《物理生物学原理》，对系统论的基本原理进行了阐述。1927 年，德国学者在其所发表的文章《论调节问题》中，也对系统论进行了研究。

生物学家和哲学家冯·贝塔朗菲（Ludwig Von Bertalanffy）基于前人对系统论的研究，提出了一般系统论的思想。1924～1928 年，贝塔朗菲发表了一系列的文章，对其一般系统论进行阐述，认为应该把有机体看成是一个整体和系统来加以考察。随后，他在 1932 年和 1934 年先后出版了《理论生物学》和《近代发展理论》，提出要用数学的方法，通过建立模型来研究生物学和机体系统论。他在书中对机械论的简单相加观点、"机械"的观点以及被动反应的观点进行了批判。同时，他引入前人关于协调、秩序、目的等理论，并结合机体论的部分思想来研究有机体，从而形成了他自己关于一般系统理论的基本观点：一是整体观点，即所有的有机体都是一个整体，且这个整体并非是要素的简单加总，而是在一定的时空范围内，有联系的事物所构成的复杂的自然整体；二是动态观点，即所有的生命现象都处于变化中；三是等级观点，即所有的有机体都是由不同的等级构成的。贝塔朗菲在随后的几年中，一直致力于一般系统论的研究和宣传，但直到 20 世纪 50 年代，一般系统论才被真正地重视起来。

二、系统论相关理论

在贝塔朗菲对一般系统论研究的基础上，学者们分别从不同的角度对一般系统论进行了更为深入地研究，形成了基于一般系统论的耗散结构理论、协同理论、突变理论以及其他系统理论。

（一）耗散结构理论

最早提出耗散结构理论的是普利高津（Ilya Prigogine）。该理论的核心是解释复杂系统如何在非平衡状态下走向稳定有序的结构。热力学第二定律是指，如果系统处于封闭状态中，即同外界环境没有能量和物质的交换，其熵值会逐渐增大，系统必然会走向无序。与此不同的是，贝塔朗菲的一般系统论认为系统具有整体性、相互联系、有序性和动态性。其中，有序性和动态性是通过观察生命现象得出的，即生物的成长和演化是有目的且有序的。当生物死亡时，其成长就会停止，从而转入分解的阶段。根据热力学第二定律，处于非平衡状态的系统不可能走向有序。因此，复杂系统中稳定性的产生成为普利高津研究的主要方向。

事实上，经典热力学中所研究的对象是一种他组织结构，即不能自发地与外界环境进行能量和物质交换的结构。人们长期研究的是一种封闭的、处于平衡状态的热力学。普利高津基于一般系统理论，结合热力学的基本原理，先后创立了线性非平衡态热力学和非线性非平衡态热力学。

普利高津认为，任意一个非平衡的开放系统，在与外界环境不断地进行物质和能量交换的过程中，当外界环境的变化达到或超过某一个特定的阈值时，系统就可能会发生量变到质变，从非平衡的无序状态转为平衡的有序状态。普利高津将这种非平衡有序结构称为耗散结构。非平衡有序结构与平衡有序结构的不同在于：平衡有序结构是一种封闭式的结构，不会同外界环境进行能量和物质的交换；非平衡有序结构是通过与外界的交流，从而对能量和物质进行耗散而达到有序。

耗散结构理论完美的解释了一般系统理论的有序性原则。由于系统自发走向有序的结构可以称为系统自组织，因此耗散结构理论又被称为自组织理论。

（二）协同理论

协同理论的创始人是德国物理学家哈肯（Hermann Haken）。他对不同学科的非平衡相变进行观察，发现虽然不同系统的内部结构和特征有所不同，但最终在非平衡相变的过程中都表现出相似的规律。因此，哈肯认为系统的非平衡相变是由子系统的协同作用促成的，而与系统的内部结构、特征等因素无关。哈肯批判性的吸收了耗散结构、超循环和突变等理论，提出了描述子系统之间通过协同合作，从而使系统从无序走向有序过程的协同理论。该理论成为系统科学中的重要理论之一。

协同理论中的一个重要概念是序变量，是指在系统从无序状态演化为有序状态的过程中起到主导作用，并且能够衡量系统有序度的变量。协同理论认为仅仅用熵来讨论系统的演化过程是远远不够的，应该进一步利用序变量，并结合系统的运动状态，对系统的运动进行定量描述。协同理论早期的研究是基于微观层面，通过构建非线性微分方程，结合数理统计学和稳定性分析，按照一定的程序和步骤，对系统的演变进行分析。然而，微观层面的分析方法只适应于研究具有一定规律的自然现象，对于一些复杂的宏观系统并不适用。因此，哈肯又对协同理论进行了更深入的研究，并在其著作《信息与自组织：复杂系统的宏观方法》中从宏观层面提出研究系统演化的方法。其所用到的核心理论工具是最大信息熵原理，即系统在非平衡相变点处，系统将要演化成的有序状态信息熵在各种可能状态中的最大值。

（三）突变理论

突变理论是法国数学家托姆（René Thom）于1972年创立的，该理论主要是运用数学的方法对不连续现象进行解释。托姆认为，突变的本质是一种稳定状态向另一种稳定状态的突然转变。突变理论主要研究在一定的条件下，系统从一种稳定结构到不稳定结构，再到另一种稳定结构的跃迁现象。任何一个突变都具有临界点，这个临界点在什么条件下出现一直是科学界争论的问题。突变理论首先对系统势函数的变化进行了研究，在此基础上构建了突变的数学模型，对突变的本质和规律进行了数学分析。这一分析方法，一方面能够通过计算临界值而对系统突变进行预测，另一方面还能通过改变模型的参数对有利于系统的突变进行加速，对不利于系统的突变进行防备。突变理论与耗散结构理论、协同理论并称为"新三论"，对系统理论的发展起到重要的推动作用。

（四）其他系统理论

除了"新三论"以外，系统论中还包括超循环理论、参量型系统理论等。超循环理论是由德国生物学家艾根（M. Eigen）最早提出的，主要研究非平衡系统自组织演化的问题。与耗散结构理论侧重于系统外部不同，超循环理论主要关注系统内部，并通过对系统内部多种循环关系的分析，来揭示系统自组织演化的过程。

参量型系统理论是苏联学者奥也莫夫（A. H. Yemob）创立的。他认为贝塔朗菲的一般系统理论具有一定的局限性，不能提出系统的一般规律。他首先对系统的相互关系理论进行了分析，在此基础上，提出了"系统参量"，用以描述不同的系统，并认为可以利用电子计算机将所有的"系统参量"综合起来，从而研究系统的一般规律。

第三节　生态系统理论

一、生态系统理论的提出

19 世纪末，勒特（Reiter）提出了生态学这一概念，但并未对其进行定义。1866 年，德国生物学家恩斯特·海克尔（Ernst Heinrich Haeckel）对生态学进行定义，即生态学是研究动物与其所处的环境之间相互关系的一门学科。生态学的研究，经历了由植物生态学到动物生态学，再到种群生态学的过渡。随着对生态学研究的不断深入，生态学家逐渐将研究重点放在了生态群落与环境之间的关系上。一些学者认为，生态群落和环境之间是相互影响和作用的整体，但未有学者真正地对这一思想进行提炼和总结。直到 20 世纪 30 年代，英国植物学家坦斯利（A. G. Tansley）基于自己长期以来在研究植物群落方面的丰富积累，结合前人对生物学的研究成果，提出了生态系统这一概念。他呼吁学者们从自然生态系统的观点出发去研究有机体。他认为有机体与它们所处的环境之

间是密切联系的，且有机体与环境之间形成了一个自然生态系统。他的
这一观点得到生物学家的普遍赞同，并迅速推广开来。

二、生态系统理论的发展

19世纪40年代，美国生态学家林德曼（R. L. Lindeman）通过汲取
前人对生态系统营养——动态方面的研究成果，首次用实验的方法对生
态系统进行了研究。他用数学的方法建立了养分循环理论模型，对生态
系统中能量在各个营养级中的流动进行了定量分析。至此，生态系统从
定性研究正式的转入定量研究。林德曼关于生态系统的研究奠定了生态
系统的理论基础，为推动生态系统的发展做出了卓越贡献。林德曼之后，
苏联学者苏卡乔夫（Sukachiov）提出了"生物地理群落"的概念。该
概念的具体含义是指在一定的时空范围内，生物群落与其所处的环境之
间是相适应的。由于"生物地理群落"与"生态系统"所表达的含义是
一致的，故生物学界认为二者是同义词。

19世纪50年代之后，由于世界经济的快速发展，世界开始面临人
口数量暴增、能源资源短缺、资源破坏严重、环境污染和粮食短缺等问
题。这一系列关乎人类生存的问题引起了学界对生态系统的广泛关注。
这一时期，生态系统的研究进入了快轨道。其中，美国生态学家奥德姆
（E. P. Odum）系统地发展了生态系统的概念。他所著的《生态学基础》
一书成为生态系统理论的经典著作，为生态系统的发展起到了巨大的推
动作用。19世纪70年代之后，随着科学技术的快速发展，生态学家将
系统分析方法广泛地应用到生态系统的研究中，实现了真正意义上的
"系统研究"。此外，生态学家还利用统计分析方法、数学模型和电子计
算机等工具对生态系统进行更为深入的研究。研究手段和研究方法的不
断进步，促使生态系统的研究从最初的定性分析发展为更为精细的定量
分析，从自然生态领域扩展到城市生态领域。

目前，生态系统理论、方法和应用等方面的研究仍然在进一步的深
化。生态系统理论不断渗透到各个学科领域，出现了文化生态学、人类
生态学、城市生态学、经济生态学等跨学科的融合。现代生态系统理论
不断向更复杂的人类社会经济系统进行扩展，生态系统的研究方法也成
为研究人类社会经济系统的主要方法之一。

三、生态系统的研究内容和方法

（一）生态系统的研究内容

生态系统理论的研究内容主要是：生态系统的结构和功能、生态系统的形成、生态系统的发展、生态系统的演化和生态系统的调控。

生态系统理论认为自然界中的有机体和无机环境之间是相互依赖、相互制约的，并非是孤立存在的个体。它们通过一定的规律结合在一起，并一直处于动态的变化中。有机体和无机环境之间通过物质交换和能量流动形成错综复杂的网络关系，构成一个具有特定功能的整体，这个整体就是生态系统。

生态系统的概念是基于整体观提出的。生态系统包括生物成分和非生物成分。生物成分即一切有机体，非生物成分是指有机体所处的无机环境。生态系统将有机体和无机环境看成是一个相互作用的整体，且这个整体会呈现出与这些个体不同的特性。例如，当草丛形成草原，草原就具有与草丛不一样的特征、结构和功能。所以，要全面了解生态系统这一整体，既要了解组成生态系统的各个要素的特性，又要看到作为一个整体的特殊功能。从生态系统的概念出发，任何一个由生物群落和环境所构成的整体都可以作为生态系统来研究，例如湖泊、森林、海洋、草原等自然生态系统，也可以是城市、农田、工厂等人工生态系统。

（二）生态系统的基本原理

1. 相互依赖与相互制约规律

相互依赖与相互制约是生态系统形成的基础，主要分为"物物相关"和"相生相克"两种（张春霞，2008）。"物物相关"是指生态系统中的各个要素之间都存在着相关关系，例如生物与生物之间、生物与环境之间、不同的子系统之间都会产生直接或者间接的影响，且这种相关关系普遍存在于生态系统中。如果生态系统中的某个个体或者某一环节进行了改变，则可能会影响整个生态系统的发展。"相生相克"规律是指生态系统中生物之间会通过"食物"而形成相互依赖和相互制约的关系。"相生相克"的具体表现形式是生态系统中的食物链和食物网。每一个生物都处于食物链和食物网中的某一位置。其中，被食者为捕食者提供生存所需要的营养，同时捕食者又会受到被食者的制约。捕食者和被食者之间形成了相生相克的关系，使各个生物的数量都保持在一个稳定的水平，从而促进生态系统的平衡。

2. 能量循环与物质转化规律

生态系统中，能量循环和物质转化是同时进行的。生产者从无机环境中摄取能量，合成新的物质，通过食物链进行逐级的转移。最终，分解者将物质分解为与最初物质形态相同并能够被生产者所吸收的物质，将其重新返回到无机环境中，再次被生产者所利用。这个过程在生态系统中不断重复进行。

3. 系统的动态平衡规律

生态系统在自然状态下，有机体与无机环境之间物质的输入和输出总是平衡的。具体体现为，生物在从环境中摄取物质的同时也会向环境释放物质。生物摄取物质的总和与释放物质的总和在量上是相等的。如果在人为的干预下，生态系统中的物质输入和输出处于不平衡的状态，生态系统就会出现失衡。

4. 生物与环境协同进化规律

生物与环境之间存在相互适应的关系，即生物的活动会对环境产生影响，同时环境的变化也会影响生物。生物和环境之间的相互作用促进了生物从低级到高级的进化，环境从简单到复杂的演变。

5. 环境资源具有极限规律

生态系统中的环境资源并不是无限供应，而是具有一个最大限度。当生态系统不存在外来干扰时，生态系统中生物对于资源的摄取量不会超过环境资源的最大值。当生态系统受到的外来干扰超过环境资源的最大极限，原有的生态系统就会遭到破坏。

（三）生态系统的研究方法

生态系统的研究方法主要有系统分析方法和动态分析方法。系统分析方法来源于系统科学。它是将所要研究的问题看成一个整体，通过定性分析和定量分析相结合的方法，对系统内部的各个要素之间的关系进行分析，从而提出解决问题的方案。动态分析方法是基于动态的观点，通过对生态系统的组成、结构、能量的流动和物质的转换的分析，来研究生态系统的发展和演变。除了上述两种主要研究方法，生态系统学家还采用了一些新的技术，例如电子计算机技术、遥感及自动追踪技术、生物标记技术等，来研究生态系统的组成、结构、功能和演化等。

第四节　演化经济理论

一、演化经济学

（一）演化思想的出现

事实上，经济学领域中的许多学者很早就试图用演化的思想解释经济问题。但在新古典经济学盛行的年代，演化思想未能得到重视，因此一直处于沉寂的状态。经济学界认为，最早提出演化经济学这一概念的是美国著名经济学家凡勃仑（Thorstein B Veblen）。他在 1898 年发表了《经济学为什么不是一门演化的科学？》一文，将演化思想纳入制度经济学中，对新古典经济学的研究范式进行了批判，认为应该从动态演化的角度对资本主义经济的技术和制度进行分析。因此，在 20 世纪 80 年代以前的很长一段时间内，学者们都认为演化经济学就是制度经济学。但可惜的是，凡勃仑的传承人没能把他的演化理论继承下来。

被认为早期运用演化思想解释经济学问题的经济学家还有马克思（Karl Heinrich Marx）和马歇尔（Alfred Marshall）。马克思的经济理论在多处体现了演化的思想，例如，他认为技术的进步同生态系统中物种的演化类似。马歇尔虽然是新古典经济学派的创始人，但在他的经济理论中可以明显地看到演化思想。马歇尔在他的经典著作《经济学原理》中曾说到"经济学的目标不是经济力学而是经济生物学"。但由于马歇尔并未能运用生物学的理论来研究经济学，他最终不得不继续利用物理学中的均衡框架来进行研究。

继上述三位学者之后，又有许多经济学家从演化的角度分析经济问题，但研究比较分散，没有形成系统的演化经济学理论体系。

（二）演化经济学的形成

熊彼特创新经济理论的提出，推动演化经济学成为一个独立的理论分支。熊彼特认为创新是促进经济增长的内生因素，并强调了非均衡和质变在经济发展过程中的重要作用。熊彼特借用生物学理论，提出了"破坏式创新"，即不断从产业内部对经济结构进行彻底地变革，从而毁灭旧的经济结构，不断创造新的经济结构。熊彼特认为破坏式创新是资本主义经济的本质，故资本主义经济的发展是一个动态演化的过程。熊彼特的创新理论成为演化经济学的灵感来源，对推动演化经济学的发展起到重要作用。由于熊彼特不赞同使用生物类比来研究经济问题，故经济学家们认为，熊彼特的创新经济理论是不使用生物学类比的演化经济学。

纳尔逊（Richard. R. Nelson）和温特（Sidney G. Winter）批判性地继承了熊彼特的创新理论，他们称自己为"新熊彼特学派"。他们发现生物演化的分析框架可以很好地对熊彼特的经济理论进行分析。因此，他们在熊彼特理论的基础上，广泛地使用了生物学类比方法来研究经济问题。1982 年，纳尔逊和温特出版了《经济变迁的演化理论》这一具有里程碑意义的著作，它的出现标志着演化经济学的形成。纳尔逊和温特在这本著作中吸收了达尔文的"自然选择理论"来解释企业的创新行为；市场中的企业之间存在激烈的竞争关系，能够获得利润的企业会不断地成长和壮大，而亏损的企业会逐渐被市场所淘汰。企业只有不断地进行创新，才有可能在竞争中获胜。

纳尔逊和温特在他们的书中，对新古典经济学的利润最大化原则和均衡理论进行了批判。他们继承了西蒙（Herbert A. Simon）的有限理性假设，认为企业无法做到完全理性。因此，企业的目标并不是追求利润最大化，而是追求一个目前能够使他们满意的目标。同时，他们还认为经济只能在短期达到平衡，长期的均衡是无法实现的。因为，企业行为和市场环境处于动态变化的过程中，并且经济发展还会受到社会、政治等不确定性因素的影响，所以无法对经济的长期发展进行预测。

纳尔逊和温特还提出了类似生物基因的"惯例"的概念。即企业在长期的经营中形成了知识和经验的集合，企业日常的经济活动都是遵循企业惯例进行的，而不是时时刻刻做出最优的方案。同时，纳尔逊和温特借鉴了生物学中的遗传理论，认为企业惯例也是可以被遗传的。如果企业按照某一种惯例经营能够获得令其满意的利润，那么这些成功的惯例就会保持稳定性。相反，如果企业出现经营不善，企业就会试图从原有的"惯例库"中寻找适合企业的惯例。这个寻找惯例的过程被纳尔逊和温特称为"搜寻"。"搜寻"和"创新"是不同的，"搜寻"是一个发现的过程，"创新"是一个发明的过程。企业通过创新能够获得暂时的垄断利润，但这种垄断利润会随着其他企业对新技术的应用和模仿而消失。纳尔逊和温特认为，企业的选择还受到环境的影响，例如市场环境、行业环境和企业环境等。

纳尔逊和温特的演化经济理论对新古典经济学理论进行了批判，打破了新古典经济学原有的理论基础，为演化经济学的进一步发展做出了重要的贡献。

（三）演化经济学的发展

继纳尔逊和温特之后，弗里曼（Christopher Freeman）、理查德·纳尔逊（Richard Nelson）、克拉克（Norman Clark）等学者的研究对演化经济学进行了补充和发展。20 世纪末，演化经济学的研究成果不断涌现，这促使了《演化经济学》杂志的诞生。这一时期，演化经济学理论被广泛地应用到技术创新领域。学者们通过建立演化模型，将技术创新理论从微观领域扩展到宏观领域。同时，学者们还广泛汲取自组织理论、混沌理论、博弈论等学科的研究理论和研究方法，不断丰富演化经济学。演化经济学理论已经被公认为是研究复杂经济现象的重要理论之一。

二、演化博弈论

（一）演化博弈论的起源

美国数学家冯·诺依曼（John Von Neumann）和经济学家奥斯卡·摩根斯坦恩（Oskar Morgenstern）于 1944 年合著了《博弈论与经济行为》。博弈论这一理论正式出现在大众面前。在这之后，纳什（John Nash）、海萨尼（J. Harsanyi）、泽尔滕（Reinhard Selten）等经济学家对博弈论进行了更为深入地研究。博弈论逐渐成为研究策略的重要工具，并在社会、经济、政治和生物等领域被广泛地使用。

　　随着经济社会的发展，传统博弈论在解释复杂的经济问题时暴露出一些缺陷。传统博弈论的基本假设是：参与博弈的各方是完全理性的；参与者的目标是利益最大化；参与者具有完全理性的决策能力。基本假设与现实情况之间存在较大的差距，导致传统博弈论很难解释现实中的一些策略选择，例如人不求回报做好人好事的行为。此外，传统博弈论认为"纳什均衡"是参与博弈的双方经过各自的思考后自动选择的最终策略，但并未对实现这一策略的过程进行描述。传统博弈的缺陷使学者们开始关注基于"有限理性"假设的演化博弈。

（二）演化博弈论的发展

　　演化博弈论最初是由生物学家梅纳德·斯密斯（John Maynard Smith）和普莱斯（Price）于 1973 年应用于生物学领域。1982 年，斯密斯出版了《演化与博弈论》一书，进一步发展了演化博弈论。斯密斯基于对生物演化研究的需要，对传统博弈理论进行了改造，建立了生物适应函数、演化稳定策略和复制动态模型。这一理论逐渐受到经济学家的关注。一些经济学家开始应用演化博弈论来研究经济问题，但这一时期的演化博弈论仍然建立在完全理性和共同知识假设的前提下。直到20 世纪 90 年代，演化博弈论打破了传统博弈论的假设，重构了演化博弈的基础，将"有限理性"应用到演化博弈论中。演化博弈论的发展进入了一个新的阶段。

　　"有限理性"的演化博弈论认为，博弈参与者的策略选择与博弈局势之间是相互依赖的，也就是说参与博弈的个体行为会随着他们所面对局势的不同而不断变化，这意味着博弈结构和环境并非是众所周知的"共同知识"。此外，参与博弈的个体在博弈的过程中会根据博弈局势，通过学习、模仿和试错来调整自己的优势策略。博弈的核心，从追求参与者的最优策略选择转为讨论参与者的策略调整，以及在受到外界干扰后如何恢复到稳定状态。演化博弈理论也被用于研究惯例、风俗习惯以及经济体制的演化。

（三）演化博弈论的特征

演化博弈论主要有以下几个特征：

第一，演化博弈论的研究对象是参与人群体。研究目的是对参与人群体的动态演化过程进行解释，并详细分析群体达到某一状态的原因和路径。同时，演化博弈论中时间是非常重要的变量，因为参与人群体的博弈是在一段时间内的学习和模仿的过程。

第二，演化博弈论的基本假设是"有限理性"，即博弈参与人的理性会随着博弈局势的发展而不变进化。

第三，演化博弈模型是基于"突变"和"选择"而建立的。"突变"是指群体中的部分个体可能会选择与群体不同的策略。"选择"是指当某一策略能够获得较高的收益时，会有更多的参与者采用这一策略。

本章对新兴产业创新生态系统研究所用到的相关理论进行了详细的论述，为后续研究的开展奠定了理论基础。首先，从创新理论的提出、产业创新的内涵和特征三个方面对产业创新理论进行了阐述。其次，详细论述了对系统科学理论中的一般系统论和在一般系统论基础上发展起来的耗散结构理论、协同理论、突变理论等。之后，对生态系统理论的提出、发展、内容和方法做了阐释。最后，对演化经济学和演化博弈论进行了论述。

第三章

新兴产业创新生态系统的结构和功能分析

第一节　新兴产业创新生态系统的内涵及特征

一、相关概念界定

（一）新兴产业的内涵及特征

关于新兴产业的内涵，学界尚未有统一的界定，学者们从不同的视角对其概念进行了探讨。基于新兴产业形成的视角，哈佛大学教授迈克尔·波特（Michael E. Porter）在其 1980 年出版的著作《竞争战略》中对新兴产业的概念进行了阐述。他认为新兴产业是新形成的产业或者重新形成的产业。新兴产业的形成是由于新技术的产生、生产成本的下降、首次购买者的出现，或者是社会和经济的发展催生出来对某种新型产品或者服务的需求，从而为其创造出可以产业化的机会。我国著名经济学家周叔莲认为新兴产业中的"新"是与传统产业中的"旧"相对应的。新兴产业是在新技术逐渐被应用的过程中所产生的新的产业部门。从产业更替的角度，邬义钧和邱钧认为新兴产业是出于产业生命周期中还处于形成期和成长期的产业。它是未来科学技术实现产业化的方向标，并能够拉动社会的需求，且会不断地成长和扩张。虽然学者们对新兴产业的定义有所不同，但是从这些已有定义的基础上，可以归纳出新兴产业所具有的特征如下：

一是成长性。一方面，根据产业生命周期理论，新兴产业是处于幼稚期和成长期的产业。处于这一时期的产业未来具有很大的发展前景，市场需求潜力大，一旦被市场接受，则会以较高的产业增长速度快速发展，足以影响到经济社会的方方面面，最终转变为主导产业。另一方面，新兴产业往往是以颠覆性技术创新为基础，而颠覆性技术会对现有的基础进行升级改造，逐步进入主流市场，实现技术和市场的双重变革，从而实现对一个国家或者一个地区经济强大的带动作用。

二是不确定性。从技术的角度，新兴产业多是由于新技术的产业化而形成，而新技术的研发、完善和应用的过程本身就具有高度的不确定性。例如，新技术研发周期的长短、研发出的新技术能否满足经济社会的需求、是否能够顺利的实现产业化等等的问题，都是无法确定的。从市场的角度，除了市场本身会受经济环境、社会环境、政治环境的影响而表现出不确定性以外，新兴产业的"新"也决定了新技术产品在商业化的过程中要面临市场接受程度、市场对新产品的容量大小、替代产品出现的速度等不确定因素。从新兴产业企业策略的角度，面对新技术产品，由于技术和市场的不确定性，企业内部的组织机构和管理策略都面临调整。如若企业的组织结构和管理策略无法适应新技术产业化之后所面临的问题，就会对企业的经营造成一定的冲击。

三是风险性。不确定性和风险性是相伴而生的，新兴产业的不确定性直接导致了新兴产业收益的风险性，企业随时可能会面临损失。新兴产业还面临着技术风险，例如由于核心技术无法突破、技术研发的基础设施不完备等因素对技术研发的限制。此外，由于法律法规和政策制定的滞后性，新兴产业缺乏法律和制度保障，也导致新兴产业在发展过程中面临一定的风险。

四是动态性。新兴产业会从幼稚期、成长期逐步过渡到成熟期，直到衰退期，并且随着技术的不断进步和社会经济环境的发展变化，又会产生新的新兴产业，从而替代原有的新兴产业。例如，汽车工业作为20世纪初出现的新兴产业，到现在已经变成了传统产业。

基于上述对新兴产业内涵和特征的分析，本书认为新兴产业是指由新技术推动或者新需求拉动而形成的，还处于萌芽期和成长期，并具备成长性、不确定性、风险性等动态变化特征。

（二）生态系统的内涵及特征

早在古希腊，"系统"一词就已经被哲学家所使用。《韦氏大辞典》中把系统定义为"有组织的或被组织化的整体；结合着的整体所形成的各种概念和原理的综合；由有规则的相互作用、相互依存的形式组成的诸要素集合等等"。学者们也对"系统"的定义进行了阐释。

生物学家和哲学家冯·贝塔朗菲（Ludwig Von Bertalanffy）认为，系统是相互作用的诸要素的综合体。著名科学家钱学森认为，系统就是由具有相互作用和相互依赖的若干个组成部分结合形成的、具有特定结构和功能的有机整体。从以上定义中不难看出，系统最显著的特征之一是整体性。所谓整体性，是指系统是由若干个要素构成的具有新功能的有机整体，即各个部分的非线性相互作用使得系统能够作为一个整体存在。除整体性以外，系统还具备层次性、开放性、目的性、动态稳定性、突变性、自组织性的特征。其中，层次性是指构成系统的要素之间存在差异性，而这种差异性形成了系统内组织的等级差异。开放性是指系统是对外开放的，能够与外界环境之间进行物质、能量和信息的交流。目的性是指系统在运行的过程中，在一定程度上不会或者很少会受到外界条件变化的影响，会坚定地朝着某种事先预定的状态发展的特质。动态稳定性是指系统具有一定的自我调节功能，能够帮助系统保持动态且有序地运行。突变性是指系统会在发展的过程中，由于受到外力的作用失去稳定性而从一种状态进入到另一种状态。自组织性是指当系统受到内部和外部环境两方面的影响和作用时，系统内的要素会自发地组织起来，从无序结构走向有序结构，并向高级有序结构演进。

最早完整地将系统论引入到生态学领域，并提出生态系统这一概念的是英国植物生态学家坦斯利（Arthur Tansley，1935）。他认为"只有从根本上认识到有机体不能与它们的环境分开，并且与它们的环境形成一个自然生态系统，它们才会引起我们的重视"。之后，许多学者又在坦斯利的基础上进行了更为深入地研究，例如林德曼（Lindeman）、苏卡乔夫（Sukachiov）等。特别是 20 世纪 60 年代以来，生态系统的研究步入了一个新的阶段。其中，奥德姆（E. P. Odum）的《生态学基础》一书对推动生态系统学的发展起到了重要的作用，如今仍然是学习生态学理论的必读经典。他在书中提出了生态系统的概念，即"包括特定地段中的全部生物（即生物群落）和物理环境相互作用的任何统一体，并且在系统内部，能量的流动导致形成一定的营养结构、生物多样性和物质循环（即生物与非生物之间的物质交换）"。在此概念的基础上，众多学者又对生态系统的概念进行了完善，但其核心理念表现出了一致性。

生态系统与一般系统的区别主要体现在：除了具有一般系统的特征以外，生态系统还具有多样性、复杂性、栖息性和可持续性的特征。其中，多样性是指维持着复杂系统的遗传多样性、生物多样性、栖息地多样性以及功能过程的多样性。复杂性与多样性相关，生态系统的多样性造成了其组成要素之间以及与外界环境之间非线性的复杂互动关系。栖息性是指在自然生态系统中，生物群落里的不同物种会选择不同的生态位栖息，以此来避免恶性竞争。可持续性是指生态系统具有能够长久的维持和保证其健康稳定发展的能力。

（三）产业创新生态系统的内涵及特征

创新系统理论是在创新理论的基础上吸收系统科学理论而形成的。该理论的提出意味着创新研究范式的一次转变，即把一个国家或区域内的各种创新活动看作一个系统和整体（贾蔚文，1999）来研究。创新系统理论在日本提出国家创新生态系统的概念解释其经济繁荣时期最为流行。但随着日本经济逐渐低迷，美国硅谷的繁荣发展，让学者们对硅谷这种具有强大自我调节、能够不断向更高级形态演进的发展模式产生了兴趣，认为应该从生态学的视角来分析硅谷的创新系统。随着创新生态系统理论的不断发展，学者们开始从不同的视角对创新生态系统进行研究。其中，一些学者将生态系统理论用于研究产业创新，即从产业的角度来研究创新生态系统。

基于对产业创新生态系统文献的整理和分析，本书认为产业创新生态系统是指在一定的时间和空间范围内，同某个特定产业创新活动相关的创新物种、创新种群、创新群落之间以及同外部创新环境之间，通过物质流动、信息传递和能量循环相互作用和影响，形成的具有自组织、自我适应和自我修复等功能的复杂系统。其中，创新生态系统中的创新物种是指单独进行创新活动的创新个体，包括企业、高校、科研机构、科技中介机构等；创新种群是指一定的时空范围内具有相同功能和相似资源的创新个体的集合，例如高校种群、企业种群等；创新群落是指创新生态系统内相互联系的不同种群的集合；创新环境是指影响创新活动的外部环境，如创新政策、创新文化、创新资源等。这些概念均能够在自然生态系统中找到相应的概念：创新物种对应自然生态系统中的物种，即生物有机体；创新种群对应自然生态系统中的种群，即占据特定空间的同种生物的集合；创新群落对应自然生态系统中的群落，即指在特定的生存条件和生存空间内，由不同类型的创新种群有机结合所形成的具有一定功能的集合体；创新环境对应自然生态系统中的生境，即物种或生物群落赖以生存的生态环境。

产业创新生态系统除了在构成要素方面与自然生态系统具有相似性，在系统运行方面也具有与自然生态系统类似的特征。一是产业创新生态系统内的创新主体具有生命周期，会同自然界中的生物个体一样经历萌芽期、成长期、成熟期和衰退期等阶段；二是创新生态系统中的各个要素之间也会像自然生态系统中的成员一样相互作用和影响，是一种共生竞合的关系；三是产业创新生态系统的运行中伴随着能量循环、物质流动和信息传递，而这恰恰是自然生态系统的基本功能。

二、新兴产业创新生态系统的内涵

基于新兴产业和产业创新生态系统内涵和特征的分析，本书认为新兴产业创新生态系统是指：在一定的时空范围内，以技术创新为基础、以社会需求为导向、以技术产业化和产业发展为目标，通过能量循环、物质流动和信息传递的方式，创新群落与创新环境之间的相互作用和影响，形成的具有自组织、自适应和自我修复功能的复杂系统。该定义具体包括以下几方面的内涵：

一是新兴产业创新生态系统是处在一定的时空范围内。从时间的维度，新兴产业本身就带有时间属性的限制，即指处于萌芽期和成长期的产业；从空间的维度，新兴产业创新生态系统并不一定在具体的地理区域上集聚，由于新兴技术的发展，某一新兴产业创新生态系统内的要素流动更依赖于基于互联网的虚拟空间。

二是新兴产业创新生态系统以技术创新为基础。新技术的出现是新兴产业形成的基石。新兴产业的发展必然伴随着重大技术突破。一方面，新技术的商业化为新兴产业的形成和发展提供了更广阔的市场空间；另一方面，新技术的出现会挖掘客户的潜在需求，并将其转化为现实需求，进一步推动新兴产业的发展。

三是新兴产业创新生态系统的建立要以社会需求为导向。一方面，社会经济的发展和生产生活水平的提高会衍生出对新商品和服务的需求，而新需求的出现为一些新技术和新产品的商业化提供了条件；另一方面，高校和科研机构是新技术产生的摇篮，但由于科研界和产业界的脱节，新技术无法满足客户的需求进而无法实现新技术的转移转化。因此，要想实现新兴产业的可持续发展，就必须以社会需求为导向。

四是新兴产业创新生态系统必定是以新技术的产业化和新兴产业的发展为终极目标。新兴产业创新生态系统内的创新群落之间互相竞争、协同合作，通过物质、能量和信息的流动实现与创新环境之间的交互，推动创新生态系统从低级向高级转化，从而推动新兴产业的快速发展。

三、新兴产业创新生态系统的特征

新兴产业创新生态系统同时具有系统性特征、生态性特征、创新性特征和新兴产业的特征。具体到新兴产业创新生态系统中，表现为以下几方面。

新兴产业创新生态系统的整体性。新兴产业创新生态系统是由多种要素构成的，这些要素并不是简单的线性组合，而是非线性的互相影响和作用，从而构成一个整体。系统整体具备各个独立要素不具备的功能和特性，从而表现为"整体大于部分的总和"。

新兴产业创新生态系统的层次性。从新兴产业创新生态系统的组成成分来看，不同的创新物种构成的创新群落属于低层级的系统，而这些低层次的系统组合起来就形成了创新生态系统这一高层次的系统；从新兴产业创新的行为来看，企业的创新活动是由低层次的个人创新行为构成，而多个企业的创新行为又构成了更高层次的创新生态系统的创新行为。

新兴产业创新生态系统的开放性表现为两方面：一是系统内部的开放，系统的组成要素之间是无边界的；二是系统内部与系统外部环境之间的互动，人才、信息、资金的输入和创新产品的输入和输出，也正是由于与外部环境之间的互动，才保证了系统的活力，促进系统向更高级的阶段演进。

　　新兴产业创新生态系统的多样性表现在系统内的创新主体是多种多样的，且与其他相关要素构成的创新种群和创新群落也形态各异。此外，系统内构成要素之间的互动方式以及与创新环境的交流方式也具有多样性。

　　新兴产业创新生态系统的复杂性。首先是创新主体的复杂性，创新单元、创新组织、创新物种、创新种群和创新群落之间层层递进，这种多层次的创新主体本身就是复杂的；其次是创新要素的复杂性，创新生态系统中包括生物成分和非生物成分，两种成分的复杂性导致了系统的复杂性；最后是创新生态系统中创新要素之间关系的复杂性，其相互作用、相互影响也造成了系统的复杂性。

　　新兴产业创新生态系统的动态性表现在，当外部环境和系统构成要素发生变化时，它也会随之发生变化。系统在物质、能量、信息的相互交换与调节过程中适应市场需求，并实现创新主体间的有效对接与动态平衡。良好运行的创新生态系统会不断进化，从而实现持续促进创新活动的最优目标。

　　新兴产业创新生态系统的稳定性。由于新兴产业创新生态系统是动态的，系统内部要素、物种、种群、群落在相互作用、相互适应中不断发展变化。在演化的过程中，可能会受到系统内部要素和外部环境的影响而出现不平衡的状态，新兴产业创新生态系统会通过一定范围内的自我调节，来保证系统内各个要素恢复到有序和稳定运行的状态。

　　新兴产业创新生态系统的栖息性表现为，在新兴产业创新生态系统中存在和自然生态系统中同样的生态位分离栖息。相似的创新组织之间为了避免恶性竞争，会设计差异化的产品和服务，从而避免资源的浪费，保证创新生态系统的平稳运行。

　　新兴产业创新生态系统的自组织性是其本质特征。新兴产业创新生态系统中的创新主体、创新要素和外部的创新环境之间非线性复杂的相互作用，会使得系统自发地从一种组织状态向更高级的组织状态进化。

新兴产业创新生态系统的可持续性是指系统内部创新主体、创新种群与创新群落之间相互依赖、共生共存、紧密合作，保证了创新活动的持续进行。这也是构建新兴产业创新生态系统最主要的目的。

第二节　新兴产业创新生态系统的结构

一、新兴产业创新生态系统的组分

自然生态系统中的组分是指构成自然生态系统的各种相互联系的成分和要素。通常情况下，根据各个要素的功能和特点，可以将其划分为两大类：生物组分和非生物组分。其中，生物组分是指生态环境中的生物群落，按照其获得营养和能量的方式以及其在生态系统中的作用，可将其分为生产者、消费者和分解者。生产者是由能够进行光合作用的绿色植物和部分细菌组成，它们在自然生态系统中的功能是制造初级产品，即光合作用的产物。消费者主要是由动物组成，它们不能进行光合作用，只能通过植物所制造的有机物质来获取能量。分解者包括细菌、真菌和放射菌等微生物，它们以动植物残体和其他有机物为食。在自然生态系统中，分解者承担的任务是分解动植物的残体，将其转化为简单的化合物，最终还原为无机物质重新参与到物质循环的过程中。非生物组分是指自然生态系统中无机成分，能够为生物提供其所需要的能量、物质和活动场所。新兴产业创新生态系统同自然生态系统类似，也包括生物组分和非生物组分，两者的对比如表 3-1 所示。

表 3-1　自然生态系统和新兴产业创新生态系统的组分对比

要　　素	自然生态系统	新兴产业创新生态系统
生产者	能够进行光合作用的自养型生物和化能合成细菌等	提供新技术、新产品的创新主体
消费者	利用植物所制造的有机物质，直接或间接地从植物中得到能量的异养生物	将新技术最终实现产业化的创新主体

要　　素	自然生态系统	新兴产业创新生态系统
分解者	利用动植物残体及其他有机物为食的小型异养生物	将生产过程中产生的中间产品加工和处理，重新还原到系统之中的创新主体
无机成分	为生物提供其所需要的能量、物质和活动场所的环境	创新活动所需要的环境

（一）生物组分

自然生态系统中的生物组分是指由生物个体、生物种群所构成的生物群落；新兴产业创新生态系统的生物组分是由创新个体、创新种群所形成的创新群落。其中，新兴产业中的创新个体是指单独从事创新活动的主体。例如企业、高校、科研机构和科技服务中介机构等，它们是新兴产业创新生态系统中的"细胞"。新兴产业创新生态系统中同一种创新个体的集合又构成了不同的创新种群。例如企业种群、高校种群、科研机构种群等，这些不同的创新种群围绕新技术、新产品或者某种创新资源、创新环境进行聚集，形成新兴产业创新生态系统中的创新群落，即新兴产业创新生态系统中的生物成分。

1. 企业种群

企业是新兴产业创新生态系统中的核心创新主体，主要包括核心企业、上游供应商、下游承销商、用户、竞争企业和互补企业。企业作为生产者和消费者，通过创新和提供新技术、新产品和新服务，并通过营销，最终实现创新的产业化。作为分解者，产业链上游的企业会将生产过程中产生的中间产品进行加工和处理并还原到系统中，为下游的生产企业提供原料。

2. 高校和科研机构种群

高校和科研机构是新兴产业创新生态系统中的重要创新主体，担任生产者的角色，其主要的功能是为新兴产业生态系统提供智力资源、技术资源和人力资源，是维持创新活动的能量来源。新兴产业创新生态系统中，企业种群和高校、科研机构种群同为生产者，它们之间并不是独立地进行科学研究，而是通过合作使得新的技术能够满足商业化的需求，从而打破技术链和产业链之间的障碍，顺利地实现创新成果的产业化。

3. 政府种群

政府是新兴产业创新生态系统中的协调者和服务者。新兴产业和创新活动由于具有风险性和不确定性,市场主导下的企业可能会面临新技术研发失败、新产品不被市场接受以及伴随着的经营管理不善等风险,从而抑制企业的发展和创新活动的顺利进行。此时,政府的介入就十分必要了。政府一方面可以通过出台一些与创新活动相关的政策,例如产业基金、税收优惠等来扶持和鼓励创新活动;另一方面,政府还可以通过不断完善的相关法律法规来规范创新行为,保证创新活动的顺利进行。

4. 服务机构种群

服务机构种群虽然不直接参与创新活动本身,但是在新兴产业创新生态系统中起到关键作用,主要包括金融机构种群、科技服务中介机构种群等。其中,金融机构主要的作用是为系统内创新主体提供资金支持,以增强创新主体抵御风险的能力,推动创新活动的顺利开展。科技服务中介机构的作用是减少企业、高校和科研机构之间由于沟通不畅、信息不对称而产生的交易成本,促进创新成果生产、传递、扩散和反馈。科技服务中介机构主要包括科技企业孵化器、众创空间、生产力促进中心以及技术评估和交易机构等。

5. 用户种群

用户种群是新兴产业创新生态系统中的消费者。一方面,用户是系统内创新成果的最终应用者。只有创新成果真正地被用户所使用,创新活动才能保持可持续性;另一方面,用户也是科学技术得以产业化的催化者和引导者。用户对创新成果的需求是创新主体进行创新活动的动力源,用户的需求和反馈能够引导创新主体朝着更适应市场需求的方向进行创新,以保证创新成果产业化的顺利实现。

创新群落按照创新主体在新兴产业创新生态系统中的重要性和功能,可以划分为核心创新层和辅助创新层。其中,核心创新层包括:核心企业、上游供应商、下游承销商、用户、竞争企业和互补企业;辅助创新层包括:高校、科研机构、政府和各类服务机构。

(二) 非生物组分

自然生态系统中的非生物组分是指生态系统中生物赖以生存的无

机环境，包括：基质（土壤、岩石等）、生物代谢原料（阳光、氧气、蛋白质等）和生物代谢的媒介（水、空气等），其中任何一种要素的变化都可能会影响生物的生命活动。同样，新兴产业创新生态系统必须依赖某种特定的环境，主要包括：影响新兴产业创新生态系统运行和发展的创新政策、创新资源、创新市场和创新文化等要素。

1. 创新政策

创新政策是新兴产业创新生态系统的政策土壤，对创新活动起到了促进和引导的作用。这里所说的创新政策是广义的政策概念，即包括与创新相关法律法规、规范条例、经济和行政措施等。科技创新活动兼有周期长和风险大的特点，完全依靠市场的调节是不可行的。在市场出现失灵的情况下，政府通过制定相应的创新政策来对市场进行适当程度的干预，充分调动创新主体的积极性，引导科技创新的发展方向，促进创新成果的转移转化，最终实现新兴产业创新生态系统的良好发展。

2. 创新资源

创新资源是新兴产业创新生态系统的物质和能量的源泉和补给站，没有创新资源，新兴产业创新生态系统就成了"无本之木"。创新资源包括人力、资金、科技资源、基础设施等。人才是创新活动的第一资源。无论是企业、高校、还是科研机构的创新活动都是由个人的创新活动构成。没有人才，创新活动将不复存在。资金是创新活动得以进行的重要保障。科技创新是一项需要长期投入的高风险活动，必须有足够的资金予以支持，否则难以为继。科技信息资源是创新活动的知识宝藏。科技创新必然是建立在前人的科技研发和创新成果之上，科技信息资源将它们以知识的形态展现出来以供后人使用，包括科技文献、专利、数据库等。基础设施是新兴产业创新生态系统得以发展的一般物质条件，也是人才、资金等资源流入的主要引力，包括交通、能源、通信和医疗卫生等公共服务。

3. 创新市场

创新市场是指一切与新兴产业创新活动相关的市场因素的总和，包括市场结构、市场需求和市场秩序。市场结构中垄断力量越弱，竞争越激烈，企业受到外界环境的压力就越大，企业就越会不断地进行技术创新，以保证企业获得收益；垄断力量越强，企业的创新成果在短期内就越不容易被

模仿，从而进行技术创新的动力就越小。因此，合理的市场结构能够促进新兴产业的发展。市场需求对创新活动具有拉动作用。企业通过市场了解消费者某种新需求，根据该需求发明新技术、开发新产品或者对原有的产品进行升级和改造，从而获得超额利润，为企业进行持续地创新提供动力。市场秩序是指参与市场交易的各个主体在市场规则的影响下所形成的利益关系体系。公平竞争的市场秩序能够促进各主体间的利益共享和创新活动的有序进行，从而维持新兴产业创新生态的良好运行。

4. 创新文化

创新文化是新兴产业创新生态系统形成和发展的文化土壤，是创新主体在进行创新活动过程中形成的共同的规范、行为、表达方式和价值观的文化体系。创新文化是决定创新绩效与成败的关键因素，也是不同创新组织之间创新发展能力差异的重要根源。良好创新文化的核心为激励探索、包容个性、鼓励创新、宽容失败，旨在倡导创新精神，从而使创新活动得以在一定范围内形成气氛，充分激发创新主体的创造力，推动新兴产业创新生态系统的良好发展。

新兴产业创新生态系统中的创新政策、创新资源、创新市场和创新文化构成了系统的创新环境层。创新环境层与核心创新层、辅助创新层共同构成了新兴产业创新生态系统的三层次耦合结构。

二、新兴产业创新生态系统构成要素之间的关系

新兴产业创新生态系统的三个层次在系统中起到不同程度的作用。以企业为主体的核心创新层对于推动创新成果的转移转化起到决定性作用；以其他创新主体为核心的辅助创新层为核心创新层提供知识、技术、政策等资源，对创新活动起到辅助作用；创新环境层为创新活动提供丰富的能量和物质资源，构建创新活动的土壤。三个层次之间的合作并非简单地加总而成，同一层次不同主体之间以及不同层次之间存在着错综复杂的关系。

（一）核心创新层内企业之间的关系

核心创新层是由某种特定新兴产业的核心企业以及围绕核心企业的上游供应商、下游承销商和用户、互补企业和竞争企业构成的，如

图 3-1 所示。其中，上游供应商、核心企业和下游承销商构成了分工协作的纵向产业链关系；互补企业、核心企业和竞争企业之间构成了竞争合作的横向产业链关系。

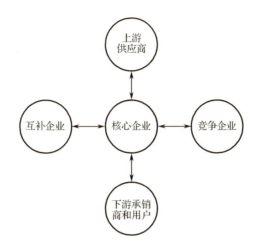

图 3-1　核心创新层各主体关系

　　纵向产业链上的上游企业是指从事研发与生产制造的原材料、配件等供应商，下游企业是指承销商、零售商和用户等。上游企业和下游企业通过物质流、资金流和信息流同核心企业之间建立起了紧密的合作关系。上游供应商技术和产品的创新为核心企业的创新带来动力，为了与上游企业相匹配，核心企业会自动加快创新活动的脚步。下游承销商和用户对新技术和新产品的需求为核心企业的创新带来压力，为了满足下游的最新需求，核心企业也会不断地提高创新能力。纵向产业链上的企业通过分工协作，从供给和需求两方面促进核心企业的创新，从而实现整个产业链创新效率的提升。

　　横向产业链上的企业之间通过资源互补建立起共生竞合的关系。当消费者同时购买了核心企业的产品和其他企业的产品后获得的效用比仅购买核心企业的产品更大时，其他企业就是核心企业的互补企业。反之，当消费者同时购买了核心企业和其他企业的产品后获得的效用低于仅购买核心企业产品的效用时，则其他企业就是核心企业的竞争企业。互补企业和竞争企业之间并没有明显的界限，在不同的情况下可以相互转化。一些企业可能既是互补企业也是竞争企业。互补企业之间通过各自优势资源的共享，能够有效地克服单个企业在创新中的劣势，实现"1+1>2"的效果，从而提升双方的创新效益。竞争企业之间为了实现各自利益的最大化，会自动地进行技术创新和产品升级，以保证企业的优势地位。因此，横向企业之间良好的合作和适度的竞争可以有效地促进企业的创新。

（二）核心创新层与辅助创新层之间的关系

1. 企业与政府之间的关系

政府对新兴产业相关企业的作用主要体现在引导、支持和服务三个方面。政府通过制定新兴产业的战略和计划对新兴产业进行整体的布局，引导新兴产业相关企业的发展方向。政府通过出台和制定一系列的财政、金融、税收等方面的优惠政策，扶持中小型企业创新，加快重点企业的发展进程。政府通过完善企业培育的体制机制，加强组织的统筹协调，从而激发企业创新的活力。政府通过完善法律法规，对新兴产业创新生态系统中参与主体的行为进行规范，促进各方利益的协调，保证企业能够最大程度上获取收益。政府对基础设施的投资和建设，为企业进行创新活动提供完善的公共服务和良好的发展环境。

新兴产业往往起源于企业技术和产品创新的一些重大突破，对经济社会的发展起到关键性的作用。这也为政府相关战略规划和政策制定提供了方向。企业的需求和反馈也是政府制定涉企政策的主要依据，能够有效地提高政策的精准度和适用性。

2. 高校、科研机构与政府之间的关系

政府对高校、科研机构起指导和支持的作用。政府根据新兴产业发展的战略与需求，对高校的重点学科进行规划，以此培养创新人才并开展相关科学研究，从而促进新兴产业的发展。政府对高校和科研机构的重点项目进行财政支持，激励高校和科研机构进行创新活动。政府通过直接投入的方式，对高校和科研机构的建设给予支持。

高校和科研机构为政府输送科研项目所需要的创新人才，并提供咨询服务，从而满足政府在创新方面的需求。政府与高校和科研机构之间还通过合作，发挥政府的引导作用和高校、科研机构的科研优势，共同完成某些创新项目。

3. 企业与高校、科研机构之间的关系

企业与高校、科研机构之间的合作体现在研发设计、人才培养等方面。研发设计方面，由于研发风险高和周期长的特点，企业往往难以承担全部的研发任务，通常会寻求与高校和科研院所的合作。高校和科研机构为企业提供先进的技术成果，企业为高校和科研机构提供市场的需求信息，从而研发出更符合市场需求的设计，促进创新成果的顺利转化。人才培养方面，企业与高校和科研院所的合作，一方面，让企业获得了高校和科研机构的高水平专业人才来支撑企业的创新；另一方面，企业也为高校和科研机构的学生和科研人员提供了实践的机会，真正地做到学有所用。

新兴产业创新生态系统中，企业与高校、科研院所通常通过建立产学研战略联盟的形式进行合作，即由高校、科研院所与企业在战略层面上共同建立的具有稳定性、长期性和协作性的一种合作关系。这种合作形式能够有效地解决高校、科研院所与产业界之间的相对脱节，通过建立科技信息沟通的交流机制，迅速有效地将相关科学产出配置到产业发展的亟须领域，从而提高了新兴产业创新生态系统的整体协调水平。

4. 企业、高校、科研机构与服务机构之间的关系

科技服务中介机构是企业和高校、科研机构之间的"润滑剂"，能够为参与创新活动的主体提供专业化的服务以支撑科技创新活动的进行。高校和科研机构主要从事基础研究和技术研发，是技术的供给方；企业主要从事生产和销售，技术研发的能力较弱，所以需要通过购买技术来提高企业的生产能力，是技术的需求方。科技服务中介机构通过提供市场的需求信息，为供需双方提供合适的交易机会，并提供技术交易过程中的财务、法律等服务，促进科技成果的转化。金融机构的主要功能是为企业、高校和科研院所的创新提供资金支持。高投入和高风险是创新的基本特征，新兴产业在发展的过程中如果没有充足的资金，任何创新活动都无法顺利进行。金融机构通过提供多元化的融资渠道以及金融产品，促进民间资本向创新投资流动，为科技创新的发展提供充足的资金支持。

（三）核心创新层、辅助创新层和创新环境层之间的关系

新兴产业创新生态系统中，企业、高校、科研机构、服务机构和创

新环境之间互相作用和影响。政府是各种创新政策的制定者,多样化的创新政策构成了新兴产业创新生态系统的政策环境;企业、高校、科研机构和服务机构为新兴产业创新生态系统提供技术、知识、人才和资金等资源,构成了创新资源环境;创新主体在政府的引导作用下形成了有序的创新市场环境;各个创新主体的创新行为和创新意识构成新兴产业创新生态系统的文化环境。企业、高校、科研机构和服务机构共同发挥作用,构成了新兴产业创新生态系统的创新环境,而创新环境又成为创新活动的土壤,促进创新活动的顺利开展。

新兴产业创新生态系统中各要素之间的非线性复杂关系构成了新兴产业创新生态系统的三层次耦合结构,如图 3-2 所示。

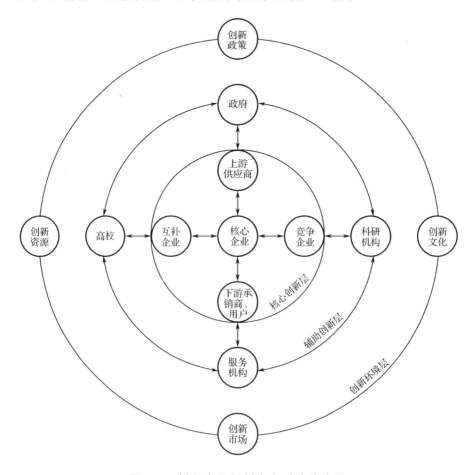

图 3-2　新兴产业创新生态系统结构图

第三节　新兴产业创新生态系统的功能

新兴产业创新生态系统的功能是指新兴产业创新生态系统中创新群落与创新环境相互联系和相互作用表现出来的性质、功效和能力。新兴产业创新生态系统除了具有知识传递、技术扩散和信息共享的基本功能，还具有自适应和修复、资源配置优化和风险规避等功能。

一、基本功能

自然生态系统的基本功能是能量流动、物质循环和信息传递。同自然生态系统类似，新兴产业创新生态系统具有知识传递、技术扩散和信息共享的基本功能。其中，知识传递和技术扩散是系统中创新群落之间、创新群落与创新环境之间、创新环境各个要素之间最本质的联系。创新知识和技术是新兴产业创新生态系统得以正常运行的动力。创新生产者通过利用创新环境中的创新资源，创造出知识和技术，通过技术链、产业链和价值链转移到创新消费者，最后再由创新分解者还原到创新环境中。知识传递和技术扩散必然伴随着信息的流动。创新主体之间通过信息共享，促进相互的合作和学习，从而促进创新活动的进行。

二、自适应和修复功能

新兴产业创新生态系统是开放且动态变化的系统。为了保证系统自身的稳定性，系统内的创新群落和创新环境会根据条件的变化自动地进行调节和修复。具体表现为，新兴产业创新生态系统能够抵抗外界的干扰，并且能够在系统被破坏后进行修复，还原成之前的状态。新兴产业创新生态系统中构成要素的种类越多、要素之间的关系越复杂，则系统的自适应和修复能力就越强。

三、资源配置优化功能

创新资源具有稀缺性的特征。创新主体能够从整个社会环境中获取的资源是有限的，并且由于时间和空间的限制，往往会出现资源的错配现象。新兴产业创新生态系统将各个创新主体聚集在一起，通过相互间的密切合作，一方面解决了由于资源稀缺对创新活动的阻碍，另一方面也避免了创新资源的浪费，实现了资源的有效利用和合理配置。

四、风险规避功能

创新活动具有高风险性，任何一个创新主体单独进行创新活动都有可能遇到资金短缺、关键技术无法突破、不满足市场需求和创新成果无法转化等问题而导致失败。新兴产业创新生态系统将各个创新主体都聚集在一起，加强了主体之间的互动，使得各个主体不再是孤立地运行，而是互相依赖、共生竞合的耦合关系。系统内各个主体之间通过信息的传递，能迅速找到合作伙伴，预估市场供需、促进创新成果的转化，从而降低或消除原来单个创新主体面临的风险。

本章从新兴产业创新生态的内涵和特征、结构、功能三个方面对新兴产业创新生态进行了详细地分析。内涵和特征方面，首先对与新兴产业创新生态系统相关的概念进行详细论述，包括新兴产业、系统、生态系统和产业创新生态系统。基于上述概念的内涵和特征，对新兴产业创新生态系统的内涵进行界定，并提出其具有整体性、层次性、开放性、多样性、复杂性、动态性、稳定性、栖息性、自组织性和可持续性的特征。结构方面，在对新兴产业创新生态系统的组成成分以及各构成要素之间关系进行详细分析的基础上，提出新兴产业创新生态的三层次耦合结构，即核心创新层、辅助创新层和创新环境层。功能方面，基于前面对结构的系统分析，从知识传递、技术扩散、信息共享、自适应和修复、资源配置优化和风险规避几个方面详细阐述了新兴产业创新生态系统的功能。

第四章

新兴产业创新生态系统的形成研究

自然生态系统是在生物群落和环境之间互动关系下产生的自然整体。与自然生态系统类似，新兴产业创新生态系统也形成于创新种群与创新环境的互动过程。本章将对新兴产业创新生态系统中创新主体的集聚过程、创新资源的集聚和流动过程以及创新群落的形成过程进行详细的分析。

第一节　新兴产业创新生态系统创新主体的集聚

一、新兴产业创新生态系统创新主体的集聚过程

自然生态系统中，一种物种迁移到某一生境，并在新的环境中生长、发育直到成熟，与已经定居的生物之间会由于资源的稀缺而相互竞争。一些具有优势的物种在竞争的过程中存活下来，其他相关物种围绕该物种开始聚集，形成群落的最初形态。新兴产业创新生态系统形成过程同自然生态系统具有相似的特点。一些创新主体依靠自己的优势，吸引相关创新主体，形成以优势创新主体为核心、相关创新主体为辅助的创新群落雏形。新兴产业创新生态系统中，创新主体的集聚模式有以下几种。

（一）企业主导的创新主体集聚

根据企业在创新网络中所处地位的不同，创新主体的集聚可以分为：核心企业主导、配套企业参与的创新主体集聚模式和地位平等的企业基于分工合作的创新主体集聚模式。

1. 核心企业主导，配套企业参与的创新主体集聚模式

企业创新网络中，由于创新资源的分散性、社会结构以及地理环境等因素，促使不同企业在产业创新网络中处于不同的地位。某些企业成为拥有强大影响力和号召力的核心企业，而其他中小企业会围绕在核心企业周围为核心企业提供协作配套服务，从而形成以核心企业为主导，以相关企业为辅助的企业创新网络。

新兴产业创新生态系统在形成阶段，可能是源于某一个核心企业的出现，核心企业专注于自身的创新、生产和经营，配套企业为核心企业提供支持，核心企业和配套企业之间形成紧密的共生共存关系。配套企业与核心企业的关系较为单一，如果核心企业不与配套企业进行合作，那么配套企业就面临着倒闭的风险。如图 4-1 所示，C 是具有号召力和影响力的核心企业；S_1，S_2，S_3，S_4，……，S_n 是围绕在核心企业 C 周围为其提供配套服务的众多中小企业。他们的存活与否完全取决于核心企业 C 是否与他们合作，这种简单的关系给中小企业带来了较大的风险。

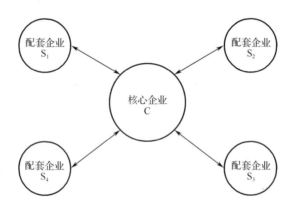

图 4-1　单个核心企业引导的配套企业集聚

新兴产业创新生态的形成还可能是源于多个核心企业引导下的企业创新网络的形成。在这种情况下，众多的配套企业环绕在几个核心企业周围，可以同时为几个企业提供配套服务，而不仅仅针对某一个企业。如图 4-2 所示，C_1、C_2、C_3 是三个核心企业，他们各自周围都有很多中小企业为其提供配套服务。但这些中小企业为了获取利润的最大化并非只为一家核心企业提供支持，而是同时支持两个或者三个企业，核心企

业之间、核心企业与配套企业之间以及配套企业之间的创新合作关系，构成了复杂的企业创新网络。相较于由单一核心企业引导的企业聚集，这种网络式的创新合作关系更加稳固。由于配套企业与多个核心企业进行合作，单个核心企业已经无法决定配套企业的生死，反而由于核心企业之间对配套商品和服务的竞争，加固了配套企业在企业创新网络中的地位。

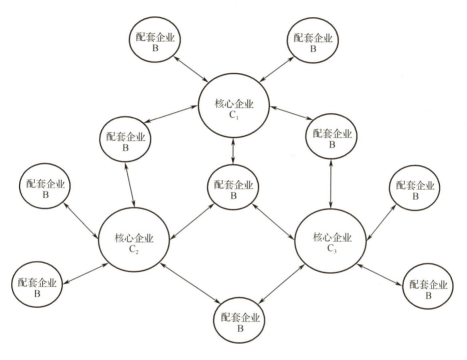

图 4-2　多个核心企业引导的配套企业集聚

随着企业创新网络的不断壮大，会吸引更多的企业加入创新网络中来。企业之间经过反复地磨合，并由于资源的互补建立起紧密的创新合作关系。关系中一旦有一方退出，则其他方都会受到损失。企业创新网络的扩张使得企业需要获得政府、高校、科研机构、科技中介机构以及金融机构的支持，这些创新主体也会因为企业创新网络的吸引而不断地参与进来。此时，以核心企业为主导、配套企业为辅助，政府、高校、科研机构、科技中介机构和金融机构为支撑的新兴产业创新网络初步形成。

2．无核心企业主导，基于分工合作的创新主体集聚模式

企业创新网络的形成的另一种形式是无核心企业主导，基于在创新过程中的长期分工中建立起来的密切合作关系，各个企业并无地位上的区别。企业和企业之间的合作既包括供应商、生产商和承销商的纵向关系，又包括互补企业和竞争企业的横向关系，如图 4-3 所示。

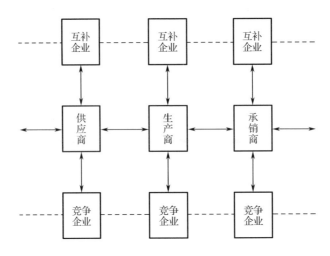

图 4-3　企业间的纵向和横向合作关系

由于没有实力强大的核心企业带领，纵向合作的企业之间基本是简单的交易关系，对创新的促进作用微乎其微；横向合作或竞争的企业之间存在资源的共享和争夺，虽然某种程度上促进了企业的创新，但是由于企业之间竞争和合作关系的复杂性，也削弱了对创新的促进作用。企业之间虽然建立了纵向和横向的关系，由于在知识、技术、资金等方面的匮乏，很难在企业创新上有大的发展，这就需要有其他的主体来介入，与企业进行创新方面的合作。

产学研合作是企业和高校、科研机构基于资源和能力的互补性合作形式。企业缺乏基础性、通用性的知识和基础研究的能力，所以很难实现突破式的创新；高校和科研机构缺乏生产工艺和技术以及市场推广等方面的资源和能力，所以很难实现创新成果的商业化。企业与高校、科研机构的合作，弥补了各自在创新过程中的短板和不足，有效地利用了

资源，实现了各自利益的最大化。但是，企业与高校、科研机构的合作并非是一蹴而就的。首先，需要在充分发挥市场的基础作用的前提下，通过政府制定相关的政策来引导产学研合作；其次，还需要有专业的科技中介机构提供技术咨询、技术评估、技术转让等服务，从而减少产学研主体间的交易成本，促进创新成果的转移和转化；最后，由于创新活动的高投入和高风险性，产学研合作的过程中还需要有充足的资金保障，因此需要金融机构的支持。各个创新主体基于共同的目标进行合作，形成以企业为主导的创新主体集聚模式。

（二）政府引导的创新主体集聚

政府引导的创新主体集聚分为两种情况：一种是无核心企业，市场上只存在实力相当的众多中小型企业；另一种是存在核心企业，但是核心企业创新意识薄弱，无法在创新上引领其他企业。

某些新兴产业创新生态系统在形成初期，市场上存在大量创新能力、生产能力、市场开拓能力相当的中小型企业，且这些企业中并没有核心企业，整体呈现松散的状态。这些企业创新意识薄弱、单独进行创新活动的能力不足，但如果相互之间进行合作，形成企业创新的联合体，则会有很好的发展前景。这时就需要政府充分发挥其引导和支持的作用，基于各个企业的特色和优势，将具有创新潜力的众多企业联合起来，形成企业创新联合体，促进企业在技术、产品和工艺上的创新。政府还可以通过政策的引导，吸引高校、科研机构、科技中介机构和金融机构参与到企业的创新活动中，为企业的创新提供配套服务，为新兴产业创新生态系统的形成打下基础。

新兴产业创新生态系统的形成阶段，存在生产能力、创新能力和市场开拓等能力都较为突出的核心企业，若核心企业在创新方面存在一定的消极行为，将无法对其他中小企业起到引领的作用。这类市场机制的失灵需要政府的介入，为企业创新创造良好的环境，提升核心企业的创新意识，促进中小企业与核心企业在创新方面的合作。通过政策引导，协调企业与高校、科研机构的合作，为企业创新提供相应科技中介服务并通过宏观调控为企业提供资金支持，从而构成新兴产业创新网络。

（三）高校和科研机构衍生的创新主体集聚

高校和科研机构承担着人才培养和科学研究的任务，是新技术、新工艺的源头。部分新兴产业创新生态系统的形成就源于某些领域掌握前沿科技的高校和科研机构。它们能够提供创新所需要的人才、知识、高新技术等资源，不仅能够支持企业的创新，还会孵化出新的企业，例如北京中关村附近就高校和科研机构云集。高校和科研机构通过建立大学科技园、研究中心、孵化器等支持大学生创业创新、助力中小企业发展，从而促进企业的集聚。此外，高校和科研机构还通过与企业建立联合培养中心、产学研战略联盟等形式进行合作，促进创新成果的顺利转化，并吸引其他相关的创新主体进行聚集。

上述三种新兴产业创新生态系统中创新主体的集聚模式虽然有所不同，但随着新兴产业创新生态系统的逐渐形成，都会形成以企业为核心创新主体、高校和科研机构为创新支持、政府政策为引导、服务中介机构为辅助的新兴产业创新生态系统。

二、新兴产业链式结构的形成

自然生态系统中，各种生物按照食物关系的顺序而排列成为食物链。新兴产业创新生态系统中的各个创新主体在集聚的过程中，也形成了以产业链为基础的创新链、资金链和服务链。

（一）产业链

产业链涵盖了商品或服务在创造过程中所经历的从原材料到最终消费品的全部阶段，这也是将前端研发设计出的产品和服务实现产业化的过程。新兴产业创新生态系统在创新主体集聚的过程中，一些企业会逐渐成为核心企业。核心企业在发展的过程中会逐步组建产业链。对于新兴产业来说，核心企业首先会基于市场对于新技术、新产品的需求情况以及企业自身的能力来决定是否要组建产业链。如果决定组建产业链，则会对合作伙伴进行选择。核心企业可选择的合作伙伴主要有两种，分别是纵向合作伙伴和横向合作伙伴。纵向合作伙伴是基于分工合作和供需关系构成的链式合作关系，包括原材料供应企业、生产制造企业、仓储物流企业和营销服务企业等。横向合作伙伴是基于资源互补建立起来的合作关系，好的合作伙伴能够实现整体利益的最大化。合作伙伴加盟后，会与核心企业共同进行产业链流程和组织的设计以及利益分配方式的研究，最终实现产业链的顺利运行。

新兴产业的产业链可以分为研发设计、生产制造和营销服务三个阶段。研发设计阶段是产业链的开端。核心企业会根据市场对新技术和新产品的需求，对现有产品和服务进行变革性的改造。企业主要擅长生产制造和开拓市场，技术研发能力相对较弱，故企业往往会选择与高校和科研机构进行合作。高校和科研机构为企业提供其所需要的科学知识和专利技术，企业引进和吸收后，设计出新的技术和产品。生产制造阶段是产业链的主要环节，这个阶段的主要任务是完成新技术和新产品的产业化。核心企业在完成新产品的小试、中试等环节之后，会选择合适的供应商购买所需要的原材料，基于现有的产业基础，对已经完成测试的产品进行批量生产，并对产品进行相关的质量检查，最终进入仓储物流环节，完成产品进入市场前的衔接。营销服务阶段是产业链的最终环节，企业深入挖掘市场和消费者的需求，在此基础上进行订单批发和销售服务等一系列的活动，以保证产品商业化的顺利实现。

（二）创新链

创新链起源于知识和技术的构想和设计，止于知识和技术的成功转化，包括创新成果产业化的全过程。新兴产业创新生态系统内的创新链是围绕产业链而形成的。根据产业链在不同阶段对创新的不同需求，新兴产业创新生态系统中的创新链可以分为研发设计创新、生产制造创新和营销服务创新。

研发设计创新是新兴产业创新生态系统中创新活动的核心，主要是通过吸收和运用新知识来解决企业在研发设计新产品以及服务过程中所出现的问题。这一阶段的创新单独依靠企业种群很难完成，企业往往会与高校、科研机构之间以技术创新为纽带进行合作。高校和科研机构为企业提供人才资源和知识资源，企业将获取的知识和专利进行吸收和转化，实现新产品和服务的设计和开发。

生产制造创新是新兴产业创新生态系统中创新活动的基石，是指在完成研发设计之后，新产品实现产业化过程中的创新，包括生产工艺的升级、仓储物流模式的改进等。这个阶段的创新主要是在企业种群内部实现的，分为企业之间的横向创新链和纵向创新链。横向创新链是指核心企业、互补企业和竞争企业之间的创新关系。核心企业与互补企业之间是一种资源互补式的合作，他们之间通过资源共享进行合作创新，最大化地利用创新资源，提升创新的成功率。同时，竞争企业为了抢占市场，也会开展与核心企业相似的创新活动。在竞争过程中，核心企业和竞争企业迫于压力会逐步提高自身的生产制造水平。因此，在新兴产业创新生态系统中，企业种群内部的横向创新链是一种协作竞争关系。纵向创新链是指核心企业与上下游企业之间的创新关系，他们之间通过相互交流和合作，共享创新资源，不断地优化自身的生产制造能力，加速新产品的产业化。

营销服务创新是新兴产业创新生态系统中创新活动顺利完成的保障，是指新产品在完成产业化之后在产品包装、产品推广、销售和服务方面的创新，包括推广方式创新、产品营销渠道创新和产品营销理念创新等。随着新技术的普及，越来越多的竞争企业会参与到新兴产业创新生态系统中来，各个企业运用新技术所生产出的产品具有同质性，因此营销服务阶段的创新就显得尤为重要。一方面，企业的市场部门通过对消费者需求的深入挖掘，及时将信息反馈到产品设计和生产部门，与其他竞争企业生产的同质性产品有所区别，提高新产品在市场上的竞争力；另一方面，企业在推广方面和销售方面利用新的技术手段，例如大数据和互联网等，实现产品的精准定位，从而缩短产品商业化的周期。

（三）资金链

资金链是指从最初的资金投入，经过生产经营运转，到最终产品实现市场价值变现的全过程。资金链的参与主体是政府和金融机构，主要目的是为企业、高校和科研机构的创新活动提供资金支持，包括政府财政资助、风险投资、私募基金、银行信贷等形式。根据产业在创新的不同阶段所需要的不同资金形式，可以将资金链分为研发设计资金、生产制造资金和营销服务资金。

研发设计资金是指在新兴产业创新生态系统创新活动进行的初期，为了促进创新活动的顺利进行所提供的资金支持。高校和科研机构主要进行通用性知识传播和基础科学研究，由于其研究具有成本高和周期长的特点，所以需要大量的资金支持。高校和科研机构的资金来源主要是政府财政资助，例如设立自然科学基金、国家科技重大专项等形式，来支持高校和科研机构的科学研究。企业通过吸收和转化来自高校和科研机构的知识和技术来进行颠覆式创新。创新具有不确定性和巨大的风险性，对于那些实力较弱的创新企业来说，自身往往难以承担创新所需要的高昂成本。针对此类企业，获得能够承担巨大风险的金融机构的支持尤为重要，例如天使投资、风险投资（VC）和私募股权投资（PE）等。

生产制造资金是指为了促进产品的产业化而投入的资金。生产制造阶段是产业链的中间阶段，承担的风险较前端研发设计较小。参与投资的主体除了风险偏好程度高的金融机构以外，还包括风险偏好程度低的商业银行和政府。商业银行为企业提供贷款服务，政府则通过设立产业发展基金等形式，来推动企业常规性的生产制造过程和生产制造方面的创新，加快产品的产业化进程。

营销服务资金是指在完成产品的产业化之后，实现产品商业化过程中所需要的资金。营销服务阶段处在产业链的末端，是产品进入市场的最后一步。相较于研发设计和生产制造阶段，企业面临的风险相对更低，因此，企业这时基本依靠自有资金和银行贷款来实现产品的商业化。对于一些重点产业，政府也会通过财政资助的方式来进行扶持。

（四）服务链

服务链是贯穿产品全生命周期过程中的服务创造和服务增值。在新兴产业创新生态系统中，服务链主要是由服务机构种群所构成的闭环网链。基于产业链不同阶段所需要的服务不同，服务链可以分为研发设计服务、生产性服务和商业化服务。

研发设计服务是指为了保证企业新技术和新产品研发过程的顺利

进行所提供的服务。服务的提供者主要是政府和科技中介机构。政府通过制定相关的法律和政策来引导企业的创新。科技中介机构在这个阶段的作用非常重要。首先，企业在引进新技术之前要进行生产价值的评估，这个环节需要科技中介机构提供科技评估、科技信息咨询和企业战略咨询等服务；其次，当确定要从高校、科研机构引进某种技术时，则需要科技中介机构提供技术转移和知识产权的服务；最后，企业正式进行新产品的研发，则需要提供孵化器和条件平台的服务。这一系列的服务，为加速企业的创新提供了有力的支持。

生产性服务是指为了保证生产制造各个环节的连续性、促进产业技术创新、提高生产效率等方面所提供服务，包括交通运输、仓储物流、邮政快递、生产租赁、信息服务等。完善的生产服务业能够为企业的生产制造活动提供全方位的保障，极大地促进企业的生产效率，缩短产品产业化的进程。

商业化服务是指企业在产品推广和营销方面所需要的服务，包括市场信息、市场咨询、市场展示、会计、税收等服务。商业化服务是服务链的末端，是产品实现商业化的重要保障。商业化服务主要从两方面来促进产品的商业化，一方面通过市场信息平台、市场展示以及互联网等方式对已经生产出的产品或服务进行推广，获得消费者的认可；另一方面，企业通过市场咨询、市场调查等方式对社会需求进行深入了解，并将获得的信息进行反馈，保证产品商业化的顺利进行。

新兴产业创新生态系统内的产业链、创新链、资金链和服务链并不是相互独立的，而是以产业链为基础进行相互融合。产业链上的每一个环节都能延伸出一条创新链，产业链和创新链的任何一个环节又需要资金链和服务链的支撑，任何一个链条的断裂都可能造成其他链条的脱节。产业链、创新链、资金链和服务链"四链融合"推动了新兴产业创新生态系统的形成，如图4-4所示。

三、新兴产业创新生态网络的形成

自然生态系统中的食物链相互联结形成复杂的食物网。各个物种之间的关系并非单一的线性关系，食物链之间相互交错，使得捕食者和被捕食者之间的关系变得错综复杂，处于低级营养的物种不会因此而灭亡。食物网的形成保证了生态系统的稳定发展。与自然生态系统类似，新兴产业创新网络是由企业、高校、科研机构、政府、科技中介机构和金融机构种群的聚集和相互作用形成的。核心企业和上下游企业之间形成了纵向产业链；核心企业与互补企业和竞争企业形成了横向的产业链；在产业链的各个环节中，延伸出企业、高校、科研机构，形成了产学研创新链；在产业链和创新链的基础上，政府、科技服务中介机构和金融机构的加入又形成了资金链和服务链。各个创新主体之间基于共同的目标不断进化，形成优势互补的共同体，最终形成了稳定的链条结构。链条之间的共生耦合形成了新兴产业创新生态网络，如图 4-5 所示。

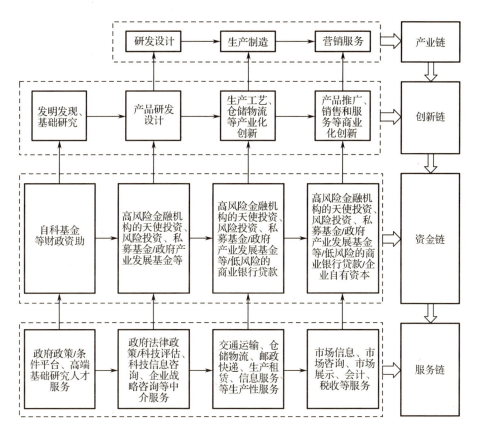

图 4-4 新兴产业链式结构形成

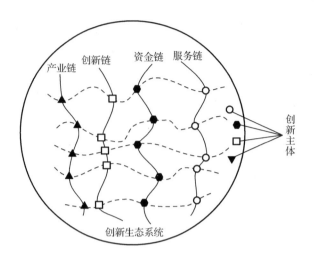

图 4-5　新兴产业创新生态系统网络

第二节　新兴产业创新生态系统创新资源的集聚和流动

一、新兴产业创新生态系统的开放性

根据系统论，完全封闭的系统最终会走向混沌无序的状态，要想使系统保持活力，就必须保证系统的开放。新兴产业创新生态系统的开放性是系统得以发展和稳定的前提，也是系统内创新资源的集聚和流动的前提。新兴产业创新生态系统的开放性表现在：新兴产业创新生态系统对外部环境的开放和系统内各个创新主体之间的开放。

（一）新兴产业创新生态系统对外部环境的开放

新兴产业创新生态系统对外部环境的开放意味着系统同外部环境之间是相互作用的。系统外部的创新资源和创新种群受到系统的吸引而进入新兴产业创新生态系统的内部，在系统内部起到促进创新的作用，从量变演变为质变；与此同时，系统内部原有的创新资源和创新种群在演变的过程中由于被替代，而流出系统。创新资源和创新种群的输入和输出实现了系统的动态平衡，从而促进系统发展。

（二）新兴产业创新生态系统内部创新主体的开放

新兴产业创新生态系统内部创新主体的开放程度是创新主体之间进行合作的前提。只有创新主体是开放的，各主体之间才可能进行人力、物力、财力、技术、信息、知识等资源的交换。系统内部创新主体中资源集聚和流动的动力是分工、外部性和规模效应。创新主体之间的互动往往是人才、技术、知识和信息等核心资源的交换，而这些资源都具有很强的外部性。外部性的出现会产生规模报酬递增效应，使创新资源集聚，进而促进创新主体的创新行为。

二、新兴产业创新生态系统中创新资源的集聚

（一）创新资源的类型

创新资源是新兴产业创新生态系统的构成要素，是保证创新活动顺利进行的客观基础。创新资源既包括人力、财力、物质、技术、信息、知识等有形资源，也包括创新氛围、创新意识等无形资源。

1. 人力资源

人力资源是指从事创新活动的人员，包括直接从事创新活动的人员和为创新活动提供服务的人员。人力资源是开展创新活动的基础性资源。在新兴产业创新生态系统中，高校和科研机构肩负着人才培养的重任，是人力资源的主要供给者。

2. 财力资源

财力资源主要是指创新活动经费，包括政府财政资助、主体自筹资金、银行贷款、风险投资等。创新活动的开展必须要有足够的经费支持，政府和金融机构是创新财力资源的主要提供者。

3. 物质资源

物质资源是指创新活动所需要的有形资产，包括：交通、能源、电力等公共基础设施；科研仪器、国家重点实验室、工程研究中心等科技基础设施；厂房、土地、生产设备等固定资产。新兴产业创新生态系统中，政府、企业、科技中介机构是物质资源的主要提供者。

4. 技术资源

技术资源是指创新活动所需要的能够改进现有产品和服务的技术、

工艺和服务。新兴产业创新生态系统中，高校和科研机构是技术资源的主要提供者，并通过产学研合作将技术资源传递到企业。

5. 信息资源

信息资源是指创新活动所需要的文献、专利、数据库等科技信息，以及政策、消费者需求、销售渠道等市场信息。科技信息主要是由高校、科研机构、政府提供；市场信息主要是通过科技中介机构获取。

6. 知识资源

知识资源是指服务于创新活动的、被开发和利用的、以科学知识和理论为核心的知识合集。高校和科研机构是知识资源的提供者，通过与企业的合作，将知识资源传递到企业，促进知识资源在新兴产业创新生态系统中的集聚和扩散。

（二）创新资源的集聚

新兴产业创新资源的集聚是指创新资源在新兴产业创新生态系统中的状态和流动过程，即创新资源在集聚的过程中以各种创新主体为依托，在系统中扎根集聚投入到创新活动当中，表现为静止的状态；随着新兴产业创新生态系统的发展，系统中的创新资源会重新优化和整合，再次形成集聚，是一种动态变化的流动过程。

1. 创新资源的点状集聚

新兴产业创新资源的点状集聚是创新资源集聚的最初阶段。这个阶段主要是各个创新主体为了自身的发展而从外部吸收其所需要的创新资源，完成资源在创新主体内部的集聚，创新主体主要以点状的形态存在。在创新资源的点状集聚阶段，创新主体之间的联系较为松散，以单独的创新活动为主。这个时期的创新主体之间互动程度较低，新兴产业内部的产业链、创新链等链条还未完全形成。在创新资源的点状集聚时期，创新主体的创新活动一般是自发进行的，并具有强烈的个体性特征，很难与产业的整体发展保持一致性。

2. 创新资源的链状集聚

新兴产业创新资源的链状集聚是随着新兴产业创新生态系统中链状结构的形成而进行的。

在创新资源点状集聚的阶段，一些创新主体在吸收资源的过程中，发展速度较快，并在新兴产业的发展中具有较大的影响力，在获得资源方面形成明显的马太效应。这些获取丰富资源的创新主体会逐渐成为中心节点，吸引其他创新主体的集聚。随着创新主体之间频繁密切的互动，他们不再是孤立的个体，而是基于分工、价值创造、创新活动等构成产业链、创新链、资金链和服务链的链式结构。

产业链上，上游供应商会为核心企业提供原材料等生产资源，下游承销商和用户会为核心企业提供市场信息资源。互补企业和竞争企业也为核心企业提供了技术资源、信息资源和物质资源。创新链是基于创新活动的各个创新环节而构成的链条。创新链上的高校和科研机构为其他创新主体提供知识、人力、技术等资源，企业为高校和科研机构提供创新成果产业化和商业化的物质、技术和信息等资源。资金链的主要参与者是政府和金融机构。企业、高校和科研机构通过与政府和金融机构的合作，获取知识创造、基础研究、人才培养和生产经营所需要的财力资源。服务链是企业、高校、科研机构与政府、科技中介机构等主体之间互动形成的。企业、高校和科研机构从政府获得所需要的政策资源，从科技中介机构获得信息、物质等资源。

新兴产业链式结构上的创新主体之间的协作竞争促进了人力、财力、物质、知识、信息等资源的整合。

3. 创新资源的网状集聚

创新主体不断地相互作用，通过链式结构之间的交互作用，形成复杂和稳定的新兴产业创新生态网络。在创新资源的链状集聚时期，各个链状结构会不断融合。创新资源不仅在某一个链条上集聚，而且随着链状结构的交互作用形成网络化的集聚模式。

事实上，创新资源的集聚伴随着创新主体与创新环境之间的相互作用和影响，在这个过程中，也逐渐形成以企业为主体的核心创新层、以高校、科研机构、政府和科技中介机构为主体的辅助创新层以及由创新资源、创新政策、创新文化和创新市场构成的创新环境层。核心创新层中，核心企业与其他企业之间的竞争合作促进了企业之间物力、信息和技术资源的集聚。辅助创新层为核心创新层提供知识、技术、人力、财力、物力和信息等资源；创新环境层为辅助创新层和核心创新层提供创新氛围、创新文化、创新意识等无形资源。

三、新兴产业创新生态系统中创新资源的流动

自然生态系统是生物与非生物环境之间，通过能量、物质和信息的流动而形成的统一体。能量循环、物质流动、信息传递是生物之间、生物与环境之间最本质的联系。

与自然生态系统类似，新兴产业创新生态系统的形成和发展也要以物质、能量和信息的流动为前提条件。其中，物质流动是指人力、财力、物力和技术等有形资源的流动；能量流动是指知识资源的流动；信息流动是指政策信息、市场信息、技术信息等信息资源的流动。

新兴产业创新生态系统创新资源的流动分为两个阶段：最初是创新资源在系统内部的流动；随着系统中创新环境的逐步优化，系统外部的资源也会向系统内部流动。

（一）创新资源的内部流动

新兴产业创新生态系统内部创新资源在创新主体之间的流动主要是基于创新主体之间的合作。由于每个创新主体不可能获取创新活动所需要的全部资源，因此需要同其他创新主体合作，进行资源的交换和共享。当创新主体之间的合作产生良好的收益，则会进一步加快创新资源在创新主体内部的流动。知识资源是新兴产业创新生态系统中创新主体进行创新活动的能量来源。能量在创新种群之间的流动能够促进创新主体的交互学习，使创新主体获得创新所需要的知识，进而促进创新。物质流动是创新主体从事创新活动的必要条件。创新活动的顺利进行需要各种有形资源按照一定的比例进行结合，如果某一种要素存在短缺，就会阻碍创新活动的顺利推进。通畅的物质流动保证了新兴产业创新生态系统创新的可持续性。能量和物质的流动必然会伴随着信息的流动。高校和科研机构可以为企业提供人才、技术和知识的信息；政府可以为企业提供政策信息；服务机构可以提供市场信息、技术和资金等信息。企业在接收到这些信息后，通过加工和处理，运用到新兴产业创新中，再将新的信息传递出去，完成信息的循环流动。

（二）创新资源的外部流动

创新资源的流动具有趋利性，即创新资源在流动的过程中，会倾向于流动到能够为其带来潜在收益最大化的方向。随着新兴产业创新生态系统的发展，其创新政策、基础设施、创新氛围等创新环境相对于其他组织形式都表现出了突出的优势，能够为创新资源提供更高的潜在收益，系统外的创新资源由于趋利性就会自动流入到系统内部。创新资源的流入会产生资源的集聚效应，会吸收更多的资源流入。这时，流入系统内部的创新资源就会以能量、物质和信息的形式在系统内部各个创新主体之间进行集聚和流动，从而促进系统整体创新能力的提升。创新资源的持续流入会导致单位要素所能获得的潜在收益下降，系统内部创新资源之间出现竞争。适合系统发展的优势资源会被留在系统内部进行优化和整合，一些处于劣势的资源就会被淘汰，从而流出系统。新兴产业创新生态系统与系统外部环境之间的物质、能量和信息的交流保证了系统的动态平衡。如图 4-6 所示，展示了创新资源的集聚和流动情况。

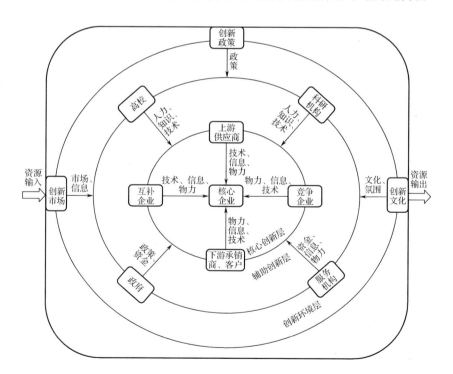

图 4-6　新兴产业创新生态系统创新资源集聚与流动

第三节 新兴产业创新生态系统创新群落的形成

种群数量的变化及其行为选择是生态系统形成过程中重要的一部分。自然生态系统中，种群是指在一定的时空范围内同一物种的集合体，是物种的具体存在单位，也是生物群落的基本组成成分。种群虽然由不同的生物个体组成，但其结合并非是简单的加总，而是形成一个有机的整体。因此，种群具有不同于单独生物个体的特征，包括空间特征、数量特征和遗传特征。其中，空间特征是指种群中的个体在其生活的空间范围内所处的空间布局；数量特征是指单位空间内种群内生物个体的数量；遗传特征是指种群内的生物个体在遗传上有很大的差异性，而这种差异性有利于生物的进化并能够增强其对环境的适应能力。生物学中用种群密度、年龄结构、性别比例、出生率、死亡率、适应力等指标来衡量种群的特征。根据前几章的研究可知，新兴产业创新生态系统是通过创新种群与创新环境之间的互动形成的，创新种群是创新群落的基本组成成分。因此，研究新兴产业创新生态系统的形成必然要首先对创新种群的变化进行分析。创新种群与生物种群有相似的特征，因此可以借用研究生物种群的一些指标来衡量创新种群。本节主要从创新种群变化的基本指标、创新种群增长的阻力和创新种群增长模型来研究创新种群数量变化和行为选择。

一、创新种群变化的基本指标

新兴产业创新生态系统中，创新种群密度是指在单位空间内创新个体的数量。创新种群受到内部和外部一些因素的影响后数量会发生变化，以时间为参考系数，从一个时刻到另一个时刻，创新种群数量的变化为：

$$\Delta N = N_{t+\Delta t} - N_t \tag{4-1}$$

其中，N 为创新种群的数量；t 为时间；ΔN 为创新种群数量的变化量；Δt 为时间的变化量。那么创新种群在单位时间内变化的平均速率可以表示为：$\Delta N/\Delta t$，即为创新种群的增长率；创新种群在单位时间内的平均变化速率可以表示为 $\Delta N/N\Delta t$，也可以称为比增长率，主要用于比较不同创新种群的大小。

事实上，在讨论创新种群的增长时，会更多地考虑种群数量在很短时间内所发生的变化，即 Δt 趋于零时，ΔN 的大小。此时，可以用微分方程来替代上面的公式，其中：

dN/dt 表示创新种群数量在某一瞬时的变化率；

dN/Ndt 表示创新种群数量在某一瞬时变化的变化率。

表现在创新种群增长曲线上，曲线上每一点的斜率即为 dN/dt，如图 4-7 所示。单一创新种群的变化率随着时间的推移先增加后降低，如图 4-8 所示。

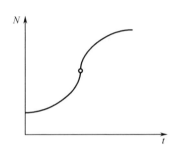

图 4-7　创新种群增长曲线

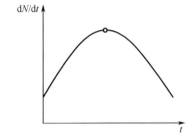

图 4-8　单一创新种群的变化率

当创新种群的增长不受任何环境的限制时，创新种群数量在某一瞬时的变化率可以表示为：

$$dN/dt = (b-d)N \qquad （4-2）$$

其中，b 为某一时刻单个创新种群的出生率；d 为某一时刻单个创新种群的死亡率；$(b-d)$ 我们称之为内禀自然增长率，用 r 来表示，故式（4-2）可以表示为：

$$dN/dt = rN \qquad （4-3）$$

由式（4-3）可以看出，当 $r>0$ 时，创新种群的数量会增加；当 $r=0$ 时，创新种群的数量不变；当 $r<0$ 时，创新种群的数量会减少。

二、创新种群增长的环境阻力

马尔萨斯认为种群的增加不是简单相加而是会成倍地增长。故在自然生态系统中，每一个生物种群都可能实现爆发性的增长。假设在一个无限制的环境中培养细菌，且每一个细菌都可以正常的繁殖和生长，那么细菌的数量会以光速扩散。但在现实中，环境中能量、食物、空间等资源的限制导致种群出生率的降低和死亡率的升高，从而限制种群数量的增长。如图 4-9 所示，展现了在有限制的营养基中培养单种群菌类的增长模型。*A* 点到 *B* 点菌类种群呈现"J"型的指数增长，这个时期营养基可以充分满足种群的增长需求；随着营养基数量的下降，种群无法获得充足的营养基，逐渐开始下降，即 *B* 点到 *C* 点的阶段；当种群数量下降到能够和营养基相适应时，则会保持一个稳定的增长状态。

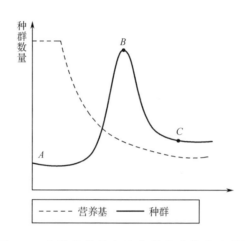

图 4-9　有限营养基上培养单种群菌类的增长

新兴产业创新生态系统中，创新种群的增长也有相似的规律。起初，创新种群由于能够获得充足的能量和物质会保持较快地增长，并且随着创新种群和创新资源的集聚，系统外部的创新资源也会源源不断地向系统内部流动，创新种群所能够获取的能量和物质甚至会出现过剩的情况。随着创新种群的扩张，系统内可利用的能量和物质逐渐趋于饱和，创新种群的增长开始受到限制。随着在竞争中被淘汰的创新种群和创新资源流出系统外，创新种群的增长逐渐趋于平稳，与系统内的能量和物质保持动态平衡地发展。

三、创新种群的增长模型

种群增长理论是生态学的重要组成部分，一些学者将该理论引入到经济学、管理学、社会学等学科领域中。郭莉和苏敬勤（2005）运用生物学中的种群增长模型，建立了工业企业相互关系模型，并提出了企业之间共生的条件。黄鲁成和李江（2010）利用种群增长模型，分析了光学光刻技术种群增长的过程。张建斌（2012）利用生物学中无限制条件的"J"型增长模型和有限制条件的"S"型增长模型对国内资源型产业集群的发展路径进行了研究。黄炜等（2018）基于 Logistic 种群增长模型，对微信消息的转发规律和影响因素进行了研究。

　　本书试图采用种群增长模型来研究新兴产业创新生态系统中创新种群的变化问题。种群增长模型一般分为两类：一类是按照"J"型曲线增长，之后骤降；一类是按照"S"型曲线增长。"J"型曲线又被称为指数方程曲线，它表示在无阻力的环境中，种群所呈现出来的增长规律。如图 4-10 所示，种群在最初增长很慢，逐渐进入急速增长阶段，曲线几乎趋于垂直，但当种群的大小超过其生存环境所能够承受的极限时，种群的增长会骤然停止。这种模型可以用我们前面所提到的指数方程式 $dN/dt = rN$ 来代表。

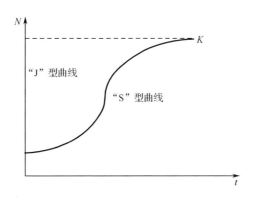

图 4-10　"J"型曲线和"S"型曲线

　　"S"型曲线又称为逻辑斯蒂方程曲线，是由（P.E.Verhulst）于 1838 年最早提出的。任何一个种群都不可能无限地增长下去，每个种群都有其最大的个体数，即生态环境的最大承载力。自然生态系统中，种群最初会缓慢增长，之后会呈现指数增长，由于环境阻力的作用，增长速度开始减慢，直到达到某一个平衡的状态并持续下去。这是因为，假设某个种群的数量已经超过系统的最大承载量，有一些个体就会因为得不到足够的"养料"而死亡或者迁出，因此大部分种群会在系统最大承载量的上下进行波动，最终形成"S"型曲线，用基本逻辑斯蒂方程表示为：

$$dN/dt = rN\left(\frac{K-N}{K}\right) \tag{4-4}$$

其中，K 表示生态环境的最大承载量，是"S"型曲线中的上渐近线。

新兴产业创新生态系统中，创新种群的增长由于受到创新资源的限制，无法实现持续增长。同自然生态系统类似，新兴产业创新生态系统对创新种群的容纳具有一个极限，创新种群的大小最终会稳定在这个极限的附近。由此可见，新兴产业创新生态系统中创新种群的增长符合逻辑斯蒂方程的原理，可以用"S"型曲线表示其增长过程。在新兴产业创新生态系统的情境下，逻辑斯蒂方程中的 K 表示新兴产业创新生态系统发展的极限；rN 为加速因子，即如果没有环境阻力，如果 $r>1$，创新种群就会一直增长下去；$(K-N)/K$ 是限制因子，随着 N 的增加，会逐渐减少。

$(K-N)/K$ 称为逻辑斯蒂项，它表示新兴产业创新生态系统中创新种群生长能够利用的剩余能量和物质。当 $N=0$ 时，逻辑斯蒂项等于 1，新兴产业创新生态系统中可供创新种群增长的能量和物质非常充足，创新种群可以以最大的速度增长；当 $N=K$ 时，逻辑斯蒂等于 0，新兴产业创新生态系统中已经不能够再容纳多余的创新种群，创新种群的增长速度为零，其个体数量维持一个稳定的状态。创新种群中在个体的数量 N 从 0 增长到 K 的过程中，新兴产业创新生态系统中可供创新种群利用的空间逐渐减少。

本书以生物技术这一新兴产业为例，探索生物技术产业创新种群的子种群——专利种群的增长规律。基于数据的合理性和可得性，选取生物技术产业的专利申请量作为衡量专利种群增长的指标。如表4-1所示，是本书在万德数据库搜集的 2004～2016 年生物技术产业的专利申请量。运用 SPSS23 软件对数据分别进行了线性回归、二次回归、三次回归和 Logistic 回归的估计，如表4-2所示是估计结果。结果显示，在对数据进行 Logistic 回归估计后，R^2 为 0.990，大于线性回归、二次回归和三次回归的 R^2，说明 Logistic 模型的拟合优度较高。同时，Logistic

模型也通过了显著性检验，证明生物技术产业的专利申请量符合创新种群的 Logistic 增长模型。如图 4-11 所示，目前生物技术产业还处在 "S" 型曲线上快速增长的阶段。

表 4-1　中国生物技术产业专利申请量

年　　份	专利申请量	年　　份	专利申请量
2004	2791	2010	8830
2005	3840	2011	11 117
2006	4011	2012	13 765
2007	4654	2013	15 273
2008	6111	2014	17 391
2009	6742	2016	23 077

数据来源：Wind 数据库

表 4-2　模型摘要和参数估算值

方程	模型摘要					参数估算值			
	R 方	F	自由度 1	自由度 2	显著性	常量	b1	b2	b3
线性回归	0.945	170.628	1	10	0.000	−3 318 521.692	1656.225		
二次回归	0.945	171.868	1	10	0.000	−1 654 512.158	0.000	0.412	
三次回归	0.945	173.121	1	10	0.000	−1 099 841.922	0.000	0.000	0.000
Logistic 回归	0.990	979.918	1	10	0.000	1.859E+153	0.835		

本章对新兴产业创新生态系统的形成过程进行了详细地研究。本章第一节从新兴产业创新生态系统创新主体的集聚过程、新兴产业链式结构的形成和新兴产业创新生态网络的形成三个方面详细阐述了新兴产业创新生态系统中创新主体的集聚。本章第二节首先运用系统的开放性原理对新兴产业创新生态系统的开放性进行了论述；基于此，类比自然生态系统中物质、能量和信息的流动理论对新兴产业创新生态系统中创新资源的集聚和流动过程进行分析。本章第三节基于生态学中的种群增长理论，构建了创新种群增长模型，并利用该模型对生物技术行业专利

种群增长进行回归分析，证明了生物技术行业专利申请量符合 Logistic
增长模型。

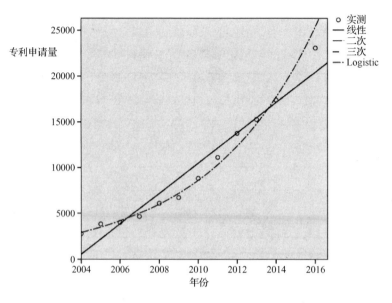

图 4-11　中国生物技术产业专利申请量

第五章

新兴产业创新生态系统的运行研究

新兴产业创新生态系统的运行机制是指，系统内各个要素之间相互作用和影响所形成的、促进新兴产业创新生态运行的过程和功能。新兴产业创新生态系统由不同的创新要素构成，这些要素在系统的运行中发挥各自的优势。要素之间的相互结合构成了新兴产业创新生态系统中的动力机制、竞争和合作机制、扩散机制和保障机制。动力机制主要是解决新兴产业创新生态系统在运行初期创新动力不足的问题，为促进系统发展提供了巨大的推动力。随着新兴产业创新生态系统的运行，系统内的创新主体之间会逐渐形成竞争和共生的关系，并加快创新主体之间的互动，从而形成网络状的系统结构。伴随着创新主体之间的合作，扩散机制也在发挥作用，创新主体使得创新资源在系统内扩散，并向系统外进行输出。保障机制在新兴产业创新生态系统的整个运行过程中都发挥作用，支撑创新主体，解决创新过程中出现的资源不足、风险过高、信息沟通不畅以及不公平竞争等问题。下面分别从动力机制、竞争和共生机制、扩散机制和保障机制四个方面对新兴产业创新生态系统的运行机制进行分析。

第一节　新兴产业创新生态系统的动力机制

新兴产业创新生态系统的动力机制是指，能够促进新兴产业创新生态系统创新活动、提高系统运行效率的各种要素相互之间作用的关系和功能。

一、新兴产业创新生态系统动力机制的要素构成

新兴产业创新生态系统动力机制的要素分为内推动力要素和外拉动力要素。其中，内推动力要素包括企业创新意识、创新收益和创新资源；外拉动力要素包括政府政策、市场需求、市场竞争、科技进步、创新文化。

（一）新兴产业创新生态系统动力机制内推动力要素

1. 企业创新文化推动

企业是新兴产业创新生态系统的核心创新主体。企业的创新文化对推动新兴产业创新生态系统发展具有重要的作用。企业创新文化是决定企业创新的价值导向与精神内核，是蕴藏在企业中的创新价值观念和意识形态，是企业必备的文化特质，包括价值理念、创新意识、思维模式和伦理道德等等，是创新的内在动力，具有不可复制性。具有创新意识和创新精神的企业不会只满足于当下，会勇于挑战并寻求新的机遇和创新机会，鼓励员工积极创新、并能够包容创新失败。企业的创新文化直接决定了企业在创新方面的投入和企业的创新能力。缺乏创新精神的企业很难在竞争中得以长久的发展。因此，勇于挑战、包容失败、开放的创新文化是推动企业创新的内在动力。

2. 创新收益驱动

企业是以追求利润最大化为最终目标和主要任务，创新在企业实现这一目标过程中起到重要的作用。新兴产业创新生态系统的企业种群中，存在许多提供相似产品和服务的企业，市场接近于完全竞争。完全竞争的市场不能让企业获得超额利润，为了获得超额利润，企业会试图在技术、产品和服务上进行垄断，而获得垄断的途径就是创新。如图 5-1 所示是企业通过创新在短期获得利润的过程。当某个企业通过技术、产品和服务的创新成为市场上的唯一供货者，企业获得暂时的垄断地位，市场需求曲线就等于该企业的需求线 $D=P(q)$，当 $MR=MC$ 时，产量为 q^*，企业获得短期超额利润，为图中阴影部分面积。当系统内的其他企业也获得同样的技术、产品和服务时，该企业的垄断地位被打破，市场逐渐又近似于完全竞争市场，企业的长期销售收入 $Lp \times Lq^*$ 等

于成本，企业利润为零，如图 5-2 所示。为了追求创新所带来的超额利润，企业又会开始新的创新。企业的不断创新，推动整个新兴产业创新能力的不断提升。

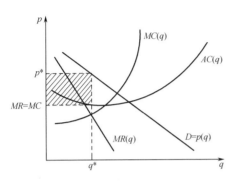

图 5-1　垄断市场企业利润

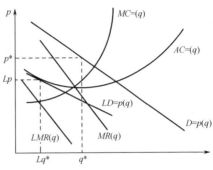

图 5-2　完全竞争市场企业利润

3．创新资源的保障

创新资源是进行创新活动的基础，创新资源的集聚也是促进新兴产业创新生态系统创新活动和提高创新效率的重要推动力。高校和科研机构能够为企业输送大量的人才资源、技术资源和知识资源。其中，人才资源是创新活动的动力源泉，能够为企业带来创新理念、新的生产技术和工艺，推进企业的创新；技术资源和知识资源是创新活动的原材料，创新人才将这些原材料进行加工，研发出新工艺和新产品。科技中介机构是系统中的信息传递者，为创新主体之间搭建信息沟通的桥梁，使创新主体能够迅速地得到行业发展、前沿技术等最新的信息，从而促进创新。金融机构为系统内的其他创新主体提供资金支持，充足的资金是创新活动得以进行的保障。

（二）新兴产业创新生态系统动力机制外拉动力要素

1．政府行为支持

新兴产业创新生态系统的创新活动主要是由市场主导的，但是由于存在外部性、信息不对称等因素，会导致市场这只"看不见的手"失灵，这时就需要政府介入。新兴产业具有高风险性、外部性等特点，在发展过程中很容易导致市场失灵，政府需要针对市场失灵的不同情况对其进行调节、引导和规范。例如,在新兴产业发展初期,企业会面临投资大、风险高的困难,从而削弱企业的创新动力,这就需要政府制定相关规划和政策来支持企业的创新。

2. 市场需求拉动

市场需求是新兴产业创新生态系统中创新主体的创新动力源。市场需求对创新的拉动力体现在两方面:一方面,随着社会经济的发展,会衍生出新的市场需求,对新产品和新服务的需求为企业提供了机会,也同时激励企业以此为导向开展创新;另一方面,企业的产品和服务最终实现商业化就必须满足市场需求,企业为了在竞争中不断地发展壮大,就会通过改进技术、创新产品来迎合市场需求。因此,市场需求既是新兴产业创新生态系统创新活动的动力,也是目标。

3. 科学技术进步

科技发展的历史经验表明,科学技术的进步都会引发企业的创新活动。科技的重大突破对企业的创新具有刺激和激励作用。一方面,科技的发展主体是高校和科研机构,但如果要将科研成果最终实现产业化,还需要与企业合作,高校和科研机构将最先进的技术带给企业,推动企业的创新;另一方面,新的科技成果如果被企业用于技术和产品的创新,会使企业获得最新的机会和经济利益,这也促使企业与高校或科研机构合作进行技术和产品的创新。因此,科学技术的进步和发展对新兴产业创新生态系统的创新有直接的推动作用。

二、新兴产业创新生态系统动力机制的运行

新兴产业创新生态系统的内推动力和外拉动力之间的相互作用共同形成了系统的动力机制。企业的创新文化决定了企业在创新活动上所投入的人力、物力和财力,也决定了企业是否能够及时满足市场需求,并获取收益。创新收益的大小决定了企业下一步创新活动的进行,如果企业通过创新获得可观的利润,则会吸收更多的创新资源,进入下一次的创新活动。充足的创新资源是创新主体创新的保障,具有创新意识的企业会努力获取尖端、优质的创新资源,例如最前沿的科研成果、政府提供的优惠政策和最新的市场信息等。政府对创新的影响可以具体到方方面面,例如:政府通过财政补贴来促进高校和科研机构的科学研究;

通过出台企业的税收减免政策来引导企业的创新方向；通过对消费者进行补贴扩大市场对新产品的需求；通过完善基础设施吸引创新资源等来促进新兴产业创新生态系统的创新。市场需求与政府的引导是密不可分的，并且市场对新产品的需求直接决定了企业的创新方向和收益，进而向产业链前端延伸到科学技术的发展方向，而这一切的活动都需要创新资源的保障。科学技术的进步是新产业得以建立的原始动力，一些具有创新"嗅觉"的企业会看到技术创新所带来的收益和市场，从而集聚可利用的创新资源进行技术创新、并将其实现产业化。新兴产业创新生态系统就是在这些动力要素不断地作用下实现持续地创新和发展升级。由此，本书构建了新兴产业创新生态系统的动力机制模型，如图 5-3 所示。

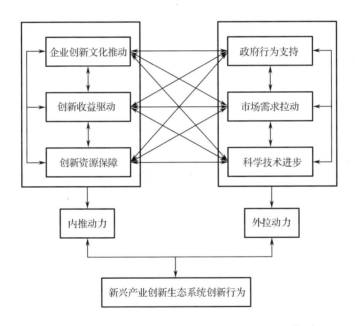

图 5-3　新兴产业创新生态系统的动力机制模型

第二节　新兴产业创新生态系统的竞合机制

自然生态系统中，每一个种群都不是单独存在的。它们之间存在各种相互关系，或相互依存、或相互排斥，正是它们之间的相互作用，才促进了自然生态系统的活力。新兴产业创新生态系统也是由各种各样的创新种群组成的。同生物种群一样，他们之间并非是孤立的个体，而是不可避免地与其他创新种群进行互动，并影响其他创新种群的密度、分布等方面。

一、新兴产业创新生态系统创新种群生态位分析

（一）生态位的概念

自然生态系统中，每一个种群都具有其独特的功能和作用，并在时间和空间上占据一定的位置，并与其他的种群构成相互竞争、相互依赖或者互相独立的关系，从而保证生物群落整体的稳定性。生物学家为了研究群落中不同种群之间的关系，以及其在时空中所占据的物理空间或者功能作用，提出了生态位的概念。生态位的概念经历了空间生态位到功能生态位再到多维生态位的历史演变。空间生态位是（Joseph Grinnell）于 1917 年最早提出的，他用生态位的概念代替了最终分布空间，并指出在一个稳定的生物群落中，不同的种群不可能同时占有同一个生态位。功能生态位是（Charles Elton）于 1927 年最早提出的，他认为生态位并非仅仅是种群所占的物理空间，更是一种功能状态，他侧重于强调种群之间的能量关系。多维生态位是（G.E.Hutchinson）在 1957 年所提出的，他的研究对生态位理论的研究具有重大的影响。（Hutchinson）认为可以把生态位看成是多维的空间，并认为影响物种生存和增值环境因素如果增加到 N 个，那么一个生物的生态位就会变成一个超体积，即超体积生态位。超体积生态位由于是一个处于 N 维资源空间中的超体积，因此可以通过数学的方法对生态位进行测量。至此，生态位的研究从定性分析进入了定量分析的阶段。在此基础上，（E.P.Odum，1957）、（P.H.Whittaker，1970）等学者又对生态位理论进行了完善。

综上所述，生态位的概念主要涵盖以下两方面的内容：一是生物在时间和空间中所占据的物理位置以及与其所处生态环境之间的关系；二是生物种群在群落中的功能位置以及种群之间的相互关系。

（二）生态位的重叠和竞争

研究生态位的重叠和竞争，首先要明确基础生态位和实际生态位两个概念。基础生态位是指：理论上，某一物种不受其他物种以及环境的限制所能占据的最大栖息空间；实际生态位即某一物种在受到环境抑制和其他物种的竞争时实际占有的生态位空间。两个物种之间的生态位关系主要有以下几种情况。

一是两个物种的基础生态位完全重叠。这种情况下，两个物种所需要的资源完全一致，为了生存，一定会发生物种之间的竞争。结果是其中的一个物种被另一个物种排除掉，最终只剩下一个物种。

二是一个物种的基础生态位包括在另一个物种的基础生态位之内，如图 5-4 所示。这种情况下，两个物种的竞争能力决定了最后的竞争结果。如果物种 B 处于劣势，则在竞争的过程中，A 会占据绝对优势，将 B 完全排除掉，A 最终占据整个生态位；相反，如果物种 B 处于优势，则 B 会在竞争中将 A 从存在竞争的生态位空间中排除，但随着 B 的繁殖，最终还是会形成一个物种的生态位包含于另一个物种的生态位之内的形式。

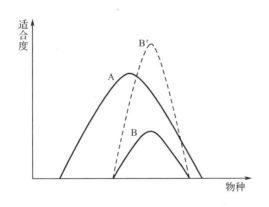

图 5-4　内包生态位

三是两个物种的基础生态位部分重叠，如图 5-5 和图 5-6 所示。在这种情况下，两个物种的生态位中有一部分是重叠的，其余部分为两个物种分别占有。由于两个物种会分别占有一部分无竞争的生态位空间，所以可以实现共存。但是，在有竞争的生态位空间中，竞争结果取决于两个物种的竞争优势，最终具有优势的物种会占据生态位重叠的空间。

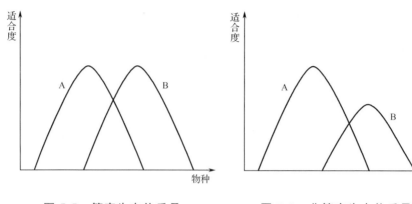

图 5-5　等宽生态位重叠　　　　图 5-6　非等宽生态位重叠

四是两个物种的生态位无重叠。两个物种在这种情况下没有直接的竞争关系或者生态位完全分离，各自占有自己的生态位，如图 5-7 和图 5-8 所示）。

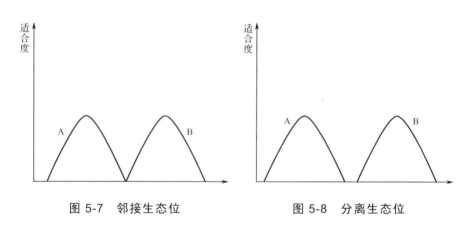

图 5-7　邻接生态位　　　　　　图 5-8　分离生态位

生态位的重叠的程度不能够说明物种之间的竞争程度。如果生物可利用的资源非常充足，生态位重叠的两个物种可以共存。在自然生态系统中，往往生态位大范围重叠的物种之间竞争程度较低，而生态位完全分离的两个物种之间竞争非常激烈。因此，生态位的重叠不是引起竞争的充分条件，还受到资源数量的影响。对生态位的定量研究，主要利用生态位宽度和生态位重叠度两个指标来测量。生态位宽度是指某一个物种所能利用的资源和条件的总和的幅度，用来衡量生物利用资源的多样性。生态位重叠度是指两个物种对同一个资源位的共同利用程度。

（三）新兴产业创新生态系统创新种群生态位分析

生态位理论是生态学中的重要理论之一。国内外许多学者将生态位的概念引入到其他领域中，其中包括产业生态位。Burns 和 Stalker 于1961 年提出产业生态的内涵。Hannan，1984 和 Lowenthal，1994 认为可以借鉴生态位的理论来做产业研究，并认为产业的发展也需要与自然环境相适应。国内学者许箫迪和王子龙（2008）运用生态位理论研究了高技术产业生态位的构建。田家和林韩锋（2012）研究了生产性服务业的产业生态位问题，并对比了长三角地区各省市生态位竞争力和生态位重叠度。陈瑜等（2018）从生态位演化的角度分析了战略性新兴产业在不同的外部环境下应该采取的最佳行动策略。

基于前人对产业生态的研究，本书运用生态位理论，研究新兴产业创新生态系统中创新种群之间竞争、寄生和共生等关系。新兴产业创新生态系统中的生态位是指创新种群在系统内所占据的空间和功能地位，是一个创新种群生存条件的集合。新兴产业创新生态系统中的创新种群主要包括企业种群、高校和科研机构种群、政府种群、服务机构种群和用户种群，每一个创新种群都占据各自的基础生态位。

1. 创新种群之间的生态位分析

企业种群位于新兴产业创新生态系统的核心创新层，是核心创新主体。企业种群拥有技术、资金和市场等创新资源，并具备利用这些资源将创新产品实现产业化和商业化的功能，占据重要的生态位。

高校和科研机构种群是新兴产业创新生态系统中重要的创新主体，拥有创新型人才、尖端的技术和丰富的知识资源，并担负着为其他种群输送人才、提供技术和知识的功能。与其他种群相比，高校和科研机构种群的生态位具有较大差异性，在人才资源、技术资源和知识资源中具有优势。

政府种群是新兴产业创新生态系统中创新活动的引导者，拥有创新政策和政府财政资金的调控权。政府通过制定激励、税收、金融等政策引导企业的创新行为；通过为高校和科研机构提供政府财政资金，助力培养创新人才和开展科研活动；政府还通过建立科技中介机构和金融机构来保证创新活动的顺利开展；此外，政府还会直接参与到创新活动中。政府种群在新兴产业创新生态系统中占据独特资源和功能生态位。

服务机构种群包括科技中介机构种群和金融种群，处于新兴产业创新生态系统的辅助创新层。服务机构种群拥有信息、资金和物力资源，能为企业、政府、高校和科研机构提供沟通和合作的桥梁，从而促进创新成果的顺利转化。服务机构种群在技术和产业的扩散方面占有优势。

用户种群拥有市场信息资源，能够将市场对技术、产品的需求信息提供给创新活动的源头，具有市场导向功能，在新兴产业创新生态系统中的生态位较为特殊。

新兴产业创新生态系统中不同的创新种群都具有独立的生态位，生态位之间没有重叠，不存在直接的竞争关系，而是基于各自所能获取的资源和特殊的功能进行合作，实现创新资源的合理利用，提高了创新效率。

2. 创新种群内部创新个体的生态位分析

自然生态系统中，同一个种群中的不同个体会因为生态位重叠而发生竞争。在新兴产业创新生态系统中，由于创新资源的限制，生态位重叠的物种间会为了尽可能扩大生态位而发生竞争。企业创新种群中，存在一些生态位重叠的企业。当不存在竞争的情况下，企业个体能够占据基础生态位，最大程度获得其所需要的创新资源。但由于生态位重叠，企业为了提高自己的经营能力和创新能力就会与其他企业发生竞争，最终具有绝对优势的企业会占领生态位重叠的部分。高校和科研机构种群中，人才、技术和知识资源是重要的创新资源，这导致他们之间也存在生态位重叠，例如不同高校会通过制定人才引进等优惠政策吸引优秀人才，从而提升高校在基础研究和创新等方面的综合实力。在服务机构种群内，生态位重叠的个体之间也会为了获取更多的资源而互相竞争。

事实上，新兴产业创新生态系统内的创新个体都无法避免地会出现生态位重叠的现象。为了获取更多的资源，创新个体之间就会发生竞争。生态位重叠度较高的个体往往在产品功能和提供的服务上具有很大的相似性，很容易被其他个体所替代。创新个体如果想在激烈的竞争中摆脱困境，就必须通过技术改革、产品创新或者掌握独特的创新资源来实现与其他个体生态位的分离。由此可见，新兴产业创新生态系统中适当的竞争也会提高创新主体的活力，从而实现整个系统创新能力的提升。

二、新兴产业创新生态系统创新种群的竞争模型

自然生态系统中，当两个物种生存所需要的资源是相同的，那么一定会发生种间竞争。两个物种的相似程度越高，它们的生态位重叠度就越高，竞争就越激烈。因此，对生存要求完全相同的两个物种就无法同时生存而自然产生分化的趋势，这就是竞争排除原理。种间竞争有两种形式，一种是相互干涉性竞争，即两个物种直接干涉对方，如生存领地的争夺；另一种是资源利用性竞争，即两个物种之间并没有直接的联系，而是在利用同一种资源时会发生间接地竞争，例如对食物资源的争夺。

同自然生态系统一样，竞争也存在于新兴产业创新生态系统中，并且对系统的良好发展起到重要的作用。相互干涉性竞争在新兴产业创新生态系统中主要表现为：某一区域内的创新种群会排斥其他想要进入该区域的创新种群。较相互干涉性竞争而言，创新种群之间更多的是资源利用性竞争，主要发生在没有直接关系的种群之间。由于生存和发展所依赖的创新资源具有相似性，而创新资源又是有限的，创新种群间就会因为争夺创新资源而发生竞争。例如企业创新种群中，一些实力雄厚的大企业在创新能力、生产和经营方面都要优于小型企业，在获取创新资源方面也具有绝对的优势。因此，这种间接性的资源利用竞争会导致某一创新种群保持绝对的竞争优势。事实上，比起创新种群之间的竞争原因，其竞争的结果更值得关注。根据竞争排除原理，种群之间会因为竞争而发生分化，这种分化使得每个创新种群对生态的要求都不尽相同，从而保证他们能够在系统中共生共存。

（一）种群竞争模型

生态学中分析种间竞争的经典模型为 Lotka-Volterra 模型，该模型是由 Lotka 和 Volterra 于 1925 年和 1926 年分别提出。本书引入该模型分析新兴产业创新生态系统中创新种群的竞争问题。根据本书在第三章中所讨论的逻辑斯蒂种群增长模型可知，某个创新种群的增长率可以表示为：

$$dN_1/dt = rN_1\left(\frac{K_1 - N_1}{K_1}\right) \tag{5-1}$$

假设新兴产业创新生态系统中有两个存在竞争的种群，种群 1 和种群 2，在方程中用下角标数字 1 和 2 表示。当种群 2 与种群 1 竞争有限的资源时，种群 2 中的每一个个体都会对种群 1 产生作用，我们用 α_{12} 表示这种抑制作用。例如，如果种群 2 中有 N_2 个个体，而每一个个体都能利用种群 1 中每个个体 0.5 倍的资源，那么种群 1 可利用的资源减少量为 $\alpha_{12}N_2$。代入逻辑斯蒂方程中，即有：

$$dN_1/dt = rN_1\left(\frac{K_1 - N_1 - \alpha_{12}N_2}{K_1}\right) \tag{5-2}$$

同理可得，种群 2 的竞争方程：

$$dN_2/dt = rN_2\left(\frac{K_2 - N_2 - \alpha_{21}N_1}{K_2}\right) \tag{5-3}$$

其中 α_{21} 为种群 1 对种群 2 的资源抑制作用，α 在竞争方程中又称为竞争系数。式（5-2）和式（5-3）即为 Lotka-Volterra 竞争方程。

利用 Lotka-Volterra 竞争方程，可以预测种群间竞争的结果。最终会出现种群 1 胜利、种群 2 胜利、种群 1 或者种群 2 胜利、种群 1 和种群 2 共存四种情况。下面分别讨论这四种情况出现所需要的条件。

我们知道，当 $dN_1/dt = dN_2/dt = 0$ 时，种群 1 和种群 2 同时达到了平衡，此时：

$$N_1 = K_1 - \alpha_{12}N_2 \tag{5-4}$$

$$N_2 = K_2 - \alpha_{21}N_1 \tag{5-5}$$

由此，可以解出均衡点：$N_1^* = \dfrac{K_1 - \alpha_{12}K_2}{1 - \alpha_{12}\alpha_{21}}$，$N_2^* = \dfrac{K_2 - \alpha_{21}K_1}{1 - \alpha_{12}\alpha_{21}}$。

式（5-4）和式（5-5）得出的曲线为等斜线，等斜线将整个区域分成两个部分，当 N_1 和 N_2 处于等斜线下方时，$dN/dt > 0$，种群将实现增长；反之，当 N_1 和 N_2 处于等斜线上方时，$dN/dt < 0$，种群将会减少。根据两个物种解出的均衡点可知，N_1^* 和 N_2^* 只有大于零才能实现两个物种的共存，此时 $K_1 < K_2/\alpha_{21}$ 且 $K_2 < K_1/\alpha_{12}$。下面描述种群竞争的四种情况，结果如表 5-1 所示。

情况一：种群 1 在竞争中获胜。从种群 1 和种群 2 的等斜线可以看出，当种群 1 的等斜线完全位于种群 2 的等斜线上方时，总是存在 $K_1 > K_2/\alpha_{21}$，$K_1/\alpha_{12} > K_2$。当 $\mathrm{d}N_2/\mathrm{d}t = 0$ 时，种群 2 已经停止增长，种群 1 还在不断地增长，在两者的竞争中，种群 1 最终获胜，如图 5-9 所示。

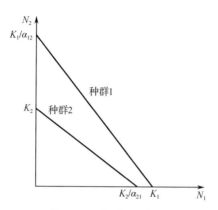

图 5-9 种群 1 获胜

情况 2：种群 2 在竞争中获胜。从种群 1 和种群 2 的等斜线可以看出，当种群 2 的等斜线完全位于种群 1 的等斜线上方时，总是存在 $K_2/\alpha_{21} > K_1$，$K_2 > K_1/\alpha_{12}$。当 $\mathrm{d}N_1/\mathrm{d}t = 0$ 时，种群 1 已经停止增长，种群 2 还在不断地增长，在两者的竞争中，种群 2 最终获胜，如图 5-10 所示。

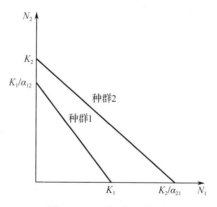

图 5-10 种群 2 获胜

情况 3：种群 1 或者种群 2 获胜。这种情况下，种群 1 和种群 2 的等斜线会相交于一点。交点的下方，在种群 2 的等斜线上，当 $N_2 = 0$ 时，$N_1 = K_2/\alpha_{21} < K_1$，也就是说当种群 2 已经停止增长，种群 1 还会继续增长

直到 $N_1=K_1$，种群会逐渐远离平衡点；交点的上方，种群 2 的等斜线位于种群 1 的等斜线上方，当种群 1 停止增长时，N_2 会朝着 K_2 的方向移动，种群仍然会远离平衡点。因此，在这种情况下，两个种群都有可能在竞争中获胜，但永远不能够达到平衡的状态，如图 5-11 所示。

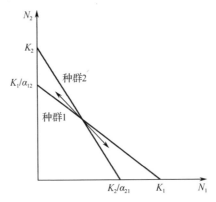

图 5-11　种群 1 或 2 获胜

情况 4：种群 1 和种群 2 实现稳定共存。在两个种群等斜线交点的下方，种群 1 的等斜线位于种群 2 的等斜线下方，即当种群 1 已经达到环境承载的最大值时，种群 2 还在继续增长，种群 1 的数量会逐渐减少，（N_1，N_2）会向着交点坐标移动；在交点的上方，种群 1 的等斜线位于种群 2 的上方，即当种群 2 已经达到环境承载的最大值时，种群 1 还在继续增长，种群 2 的数量会逐渐减少，（N_1，N_2）仍然会向着交点坐标移动。因此，在这种情况下，两个种群最终会实现稳定共存。

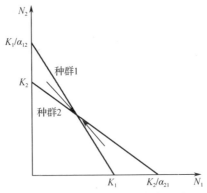

图 5-12　种群 1 和 2 稳定共存

表 5-1　种间竞争的结果

条　件	结　果
$K_1>K_2/\alpha_{21}$，$K_2<K_1/\alpha_{12}$	种群 1 获胜
$K_1<K_2/\alpha_{21}$，$K_2>K_1/\alpha_{12}$	种群 2 获胜
$K_1>K_2/\alpha_{21}$，$K_2>K_1/\alpha_{12}$	种群 1 或者种群 2 获胜
$K_1<K_2/a_{21}$，$K_2<K_1/\alpha_{12}$	种群 1 和种群 2 达到平衡

上面我们只考虑了两个种群间的竞争，事实上，竞争不仅仅存在于两个种群之间，还有可能存在于多个种群间，我们把多个种群之间的竞争称为扩散竞争。Lotka-Volterra 模型的扩散化形式为：

$$\frac{\mathrm{d}N_i}{\mathrm{d}t} = r_i N_i \left[\frac{K_i - N_i - \left(\sum_{j \neq i}^{n} \alpha_{ij} N_j \right)}{K_i} \right] \tag{5-6}$$

当 $\mathrm{d}N_i/\mathrm{d}t=0$，$i=1, 2, \cdots\cdots, n$ 时，所有的种群都能实现稳定共存，稳定时：

$$N_i = K_i - \left(\sum_{j \neq i}^{n} \alpha_{ij} N_j \right) \tag{5-7}$$

（二）种群竞争模型仿真

运用 Matlab2019 版本可以对新兴产业创新生态系统的创新种群竞争模型进行函数模拟。

1. 两个种群的内禀自然增长率均较低且大小相近

假设：$r_1=0.5$，$r_2=0.6$，$K_1=K_2=1000$

（1）设参数 $\alpha_{12}=0.6$，$\alpha_{21}=0.5$，$N_1(0)=10$，$N_2(0)=12$

这种情况下，种群 1 和种群 2 相互影响的作用较小，且对对方的影响强度较小，但由于种群间存在竞争，两个种群都无法达到无限制下的最大规模 1000，如图 5-13（a）所示，种群 1 最终会稳定在 500～600 之间，种群 2 最终会稳定在 700～800 之间，两个种群在竞争中共存。

（2）设参数 $\alpha_{12}=1.5$，$\alpha_{21}=0.5$，$N_1(0)=10$，$N_2(0)=12$

这种情况下，种群 2 对种群 1 的影响较大，种群 1 对种群 2 的影响较小。在竞争过程中，由于种群1对种群2的增长并没有很大的影响，种群2最终会增长到最大环境承载量，而种群1在增长过程中由于受到竞争的影响，在100～200之间达到最大值，之后会逐渐减少，直至被淘汰，最终种群2在竞争中获胜，如图5-13（b）所示。

（3）$\alpha_{12}=0.5$，$\alpha_{21}=1.5$，$N_1(0)=10$，$N_2(0)=12$

这种情况下，种群1对种群2的影响较大，种群1对种群2的影响较小。和第二种情况类似，在竞争的过程中，种群1的增长受到种群2的竞争影响很小，所以基本能按照内禀自然增长率增长，并最终达到环境最大承载量1000。种群2由于在竞争的过程中很大程度地受到种群1的影响，在400～500之间达到最大值后开始逐渐减少，最终被淘汰，种群1在竞争中获胜，如图5-13（c）所示。

（4）$\alpha_{12}=1.5$，$\alpha_{21}=1.4$，$N_1(0)=10$，$N_2(0)=12$

这种情况下，种群1和种群2的竞争对对方的影响都较大，但影响程度接近。但由于种群2的初始规模大于种群1的初始规模，且种群2对种群1的竞争强度稍大于种群1对种群2，在竞争的过程中，种群2更具有优势，种群1在接近于200时达到最大值之后开始减少，最终被淘汰，种群2获胜，如图5-13（d）所示。

（5）$\alpha_{12}=1.5$，$\alpha_{21}=1.4$，$N_1(0)=14$，$N_2(0)=12$

这种情况下，种群1和种群2之间的竞争强度和第四种情况类似，虽然种群1的初始规模大于种群2，但是由于相差较小，种群2仍然在竞争中处于优势，最终将种群1淘汰，并逐渐趋近于环境最大承载量，如图5-13（e）所示。

（6）$\alpha_{12}=1.5$，$\alpha_{21}=1.4$，$N_1(0)=14$，$N_2(0)=5$

这种情况下，两个种群间的竞争程度较大，且种群2对种群1的影响程度稍大一些。此外，种群1的初始规模远远大于种群2的初始规模，使得种群1在竞争中处于优势，而种群2在竞争中逐渐被淘汰，种群1最终获胜，逐渐增长到最大值1000，如图5-13（f）所示。

2. 两个种群的内禀自然增长率均较大且大小相近

假设：$r_1=1.5$，$r_2=2$，$K_1=K_2=1000$

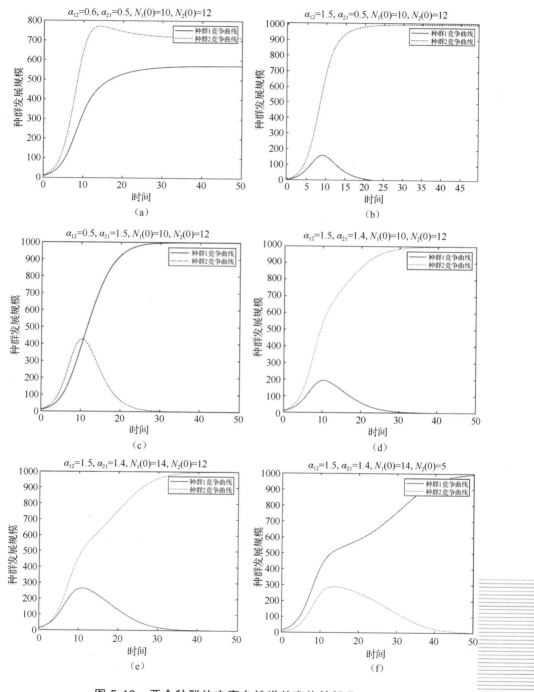

图 5-13 两个种群的内禀自然增长率均较低且

大小相近时种群竞争模型的仿真结果

仍然分六种情况对两个种群的竞争模型进行仿真参数的设置，如表 5-2 所示，仿真结果如图 5-14 所示。

表 5-2　新兴产业创新生态系统创新种群竞争模型参数设置

序号	α_{12}	α_{21}	$N_1(0)$	$N_2(0)$
（1）	0.6	0.5	10	12
（2）	1.5	0.5	10	12
（3）	0.5	1.5	10	12
（4）	1.5	1.4	10	12
（5）	1.5	1.4	14	12
（6）	1.5	1.4	14	5

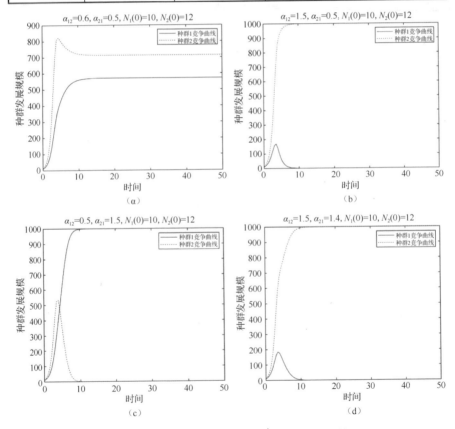

图 5-14　两个种群的内禀自然增长率均较
大且大小相近时种群竞争模型的仿真结果

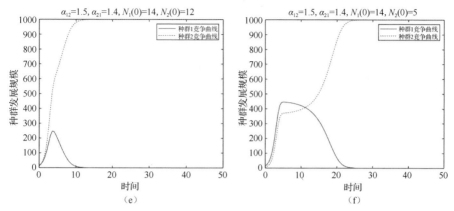

图 5-14　两个种群的内禀自然增长率均较
大且大小相近时种群竞争模型的仿真结果（续）

假设 2 的结果中除了情况（6）与假设 1 的情况（6）不同以外，其他的竞争结果均相同。分析图 5-14 中情况（6）的种群竞争模型的仿真结果可知，种群 1 和种群 2 之间的竞争强度较大，且种群 2 的初始规模远远低于种群 1 的初始规模，但是种群 2 的内禀自然增长率比种群 1 的内禀自然增长率要高，这一优势抵消了种群 2 在竞争中所处的劣势，最终成为竞争中获胜的一方。另外，根据 6 种不同情况的仿真结果比较可以发现，当种群间的竞争系数较小且相差不大时，两个种群可以实现共存，如情况（1）。当种群间的竞争系数较大或者两个种群间的竞争系数有很大差距时，最终会有一方获胜，另一方会被淘汰。综合来看，种群间竞争的结果主要受到种群规模和种群竞争系数的影响。

3. 两个种群的内禀自然增长率大小差距较大

假设：$r_1=0.5$，$r_2=1.5$，$K_1=K_2=1000$

仍然按照表 5-2 对创新种群竞争模型进行参数设置，仿真结果如图 5-15 所示。

两个种群的内禀自然增长率虽然相差甚远，但是其仿真结果与假设 2 的仿真结果相似。区别在于种群 1 由于内禀自然增长率远远低于种群 2，在竞争过程中表现出增长缓慢的态势。

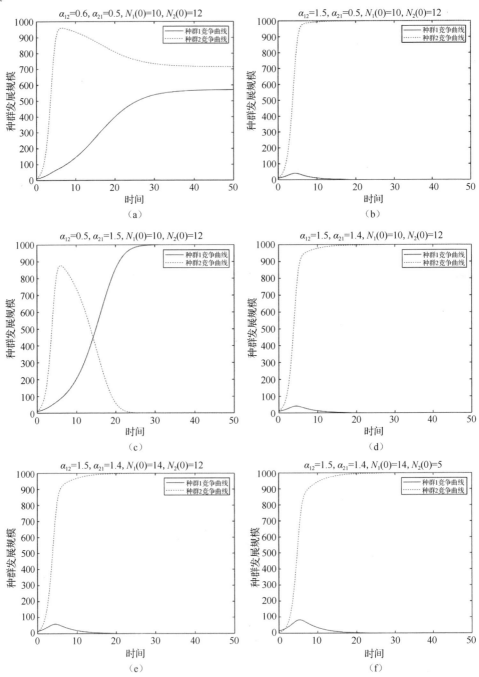

图 5-15　两个种群的内禀自然增长率大小差距较大时种群竞争模型的仿真结果

4. 仿真结果分析

通过假设三种不同的内禀自然增长率，并设置不同的竞争参数，对种群竞争模型进行仿真，仿真结果如表 5-3 所示。

表 5-3 新兴产业创新生态系统创新种群竞争模型的仿真结果

序号	参数	$r_1=0.5$，$r_2=0.6$，$K_1=K_2=1000$	$r_1=1.5$，$r_2=2$，$K_1=K_2=1000$	$r_1=0.5$，$r_2=1.5$，$K_1=K_2=1000$
（1）	$\alpha_{12}=0.6$，$\alpha_{21}=0.5$，$N_1(0)=10$，$N_2(0)=12$	种群 2 处于优势，两个种群共存，但由于竞争种群规模无法达到 K 值	结果相同	结果相同
（2）	$\alpha_{12}=1.5$，$\alpha_{21}=0.5$，$N_1(0)=10$，$N_2(0)=12$	种群 2 对种群 1 的竞争系数大，种群 2 获胜，种群 1 被淘汰，种群 2 的规模无限接近于 K 值	结果相同	结果相同
（3）	$\alpha_{12}=0.5$，$\alpha_{21}=1.5$，$N_1(0)=10$，$N_2(0)=12$	种群 1 对种群 2 的竞争系数大，种群 1 获胜，种群 2 被淘汰，种群 1 的规模无限接近于 K 值	结果相同	结果相同
（4）	$\alpha_{12}=1.5$，$\alpha_{21}=1.4$，$N_1(0)=10$，$N_2(0)=12$	两个种群的竞争强度均较大且相近，但种群 2 的初始规模和竞争强度均大于种群 1，种群 2 最终获胜	结果相同	结果相同
（5）	$\alpha_{12}=1.5$，$\alpha_{21}=1.4$，$N_1(0)=14$，$N_2(0)=12$	两个种群的竞争强度和（4）相同，但种群 2 的初始规模稍小于种群 1，结果仍然是种群 2 获胜	结果相同	结果相同
（6）	$\alpha_{12}=1.5$，$\alpha_{21}=1.4$，$N_1(0)=14$，$N_2(0)=5$	两个种群的竞争强度与（4）和（5）相同，继续减少种群 2 的初始规模，使种群 2 的初始规模远小于种群 1，种群 1 最终获胜	内禀自然增长率大的种群 2 获胜	内禀自然增长率大的种群 2 获胜

1）只有在两个种群竞争强度均很小的情况下，两个种群才可能实现共存，但是均不会达到其环境最大承载量。

2）两个种群的竞争强度较大或者差距较大时，其中一个种群总会获胜。表 5-3 中情况（2）和情况（3）属于种群竞争强度差距较大的情况，竞争强度大的种群会最终获胜。情况（4）、（5）、（6）属于种群竞争强度均较大，但是较为接近的情况。对比情况（4）和情况（5）可以看出，如果两个种群的初始规模相近，竞争强度较大的一方会获胜。情况（1）～（5）中，内禀自然增长率的变动并没有引起结果的变化，而情况（6）中，当两个种群的内禀自然增长率增大或者差距悬殊时，结果与内禀自然增长率较小且接近时相反。

当两个种群的内禀自然增长率较小且接近时，对比情况（5）和情况（6）可以看出，初始规模大的种群具有竞争优势。两个种群的内禀自然增长率增大或者差距悬殊时，再次对比情况（5）和情况（6）可以看出，当两个种群的初始规模差距悬殊时，如果初始规模小的种群拥有较高的内禀增长率，会抵消其初始规模小的劣势，最终在竞争中获胜。

3）通过对几种情况的比较发现，内禀自然增长率可以在一定程度上缓解种群在竞争中的弱势，但是影响较小，在种间竞争的结果中起到重要作用的是种群的竞争强度和初始规模。

三、新兴产业创新生态系统创新种群的共生模型

自然生态系统中，种群间除了竞争关系还有共生关系。新兴产业创新生态系统中的创新种群与生物种群类似。创新种群之间通过合作形成利益共享、风险共担的联合体，从而提高创新资源的使用效率和系统整体的创新效率。创新种群的共生合作关系主要表现为以下几种。

一是创新种群间的偏利共生关系，即一个种群会获益，而对另外一个种群没有影响。新兴产业创新生态系统中，实力较弱的创新种群的生存完全依赖于一些实力雄厚的创新种群。在这种关系中，弱势的创新种群会不断从强势创新种群中获取资源、积累经验，从而增强实力，但并不会对强势创新种群造成影响。

二是创新种群间的原始合作关系，即两个种群的合作对彼此的生存和发展都会有正向作用，但他们的合作并不是必需的。原始合作关系在新兴产业创新生态系统中很普遍，每一个创新种群之间基本都存在这种合作关系。随着合作机制的建立和合作的深入，创新种群的原始合作关系会逐渐演变为互利共生关系。

三是创新种群间的互利共生关系，即两个种群之间不能离开对方而

独自存活，合作对双方都能带来收益。例如，产业链上企业之间的合作就是一种互利共生的关系。如果没有上游企业为中游企业提供原材料，中游企业就没办法进行生产；同理，如果没有下游企业，中游企业生产出来的产品就无法实现商业化。他们之间形成了相互依存的关系，并通过紧密合作获取收益。

（一）种群共生模型

通过对 Lotka-Volterra 竞争方程的变形可以构建种群共生模型。通过改变种群 1 和种群 2 之间的相互作用项的符号，可以得到：

$$dN_1/dt = rN_1\left(\frac{K_1 - N_1 + \beta_{12}N_2}{K_1}\right) \tag{5-8}$$

$$dN_2/dt = rN_2\left(\frac{K_2 - N_2 + \beta_{21}N_1}{K_2}\right) \tag{5-9}$$

其中，β 是种群共生系数。当 $dN_1/dt=dN_2/dt=0$ 时，种群 1 和种群 2 同时达到了平衡，此时：

$$N_1 = K_1 + \beta_{12}N_2 \tag{5-10}$$

$$N_2 = K_2 + \beta_{21}N_1 \tag{5-11}$$

由此，可以解出均衡点：$N_1^* = \dfrac{K_1 + \beta_{12}K_2}{1 - \beta_{12}\beta_{21}}$，$N_2^* = \dfrac{K_2 + \beta_{12}K_1}{1 - \beta_{12}\beta_{21}}$

种群 1 和种群 2 的共生的结果也分别有四种情况，通过种群 1 和种群 2 的等斜线来讨论，如表 5-4 所示。

表 5-4　种群共生的情况

条　　件	结　　果
$\beta_{12}<1$，$\beta_{21}>1$	两个种群共生，但需要 $\beta_{12}\beta_{21}<1$
$\beta_{12}>1$，$\beta_{21}<1$	两个种群共生，但需要 $\beta_{12}\beta_{21}<1$
$\beta_{12}<1$，$\beta_{21}<1$	互利共生
$\beta_{12}>1$，$\beta_{21}>1$	相互独立

情况一：$\beta_{12}<1$，$\beta_{21}>1$ 时，如果两个种群想实现稳定共生，（N_1，N_2）达到稳定点，两个曲线必须相交。这就要求种群 1 等斜线的斜率必须大于种群 2 等斜线的斜率，即 $1/\beta_{12}>\beta_{21}$，可得 $\beta_{12}\beta_{21}<1$，如图 5-16

所示。

　　情况二：$\beta_{12}>1$，$\beta_{21}<1$ 时，如果两个种群想实现稳定共生，（N_1，N_2）达到稳定点，两个曲线必须相交。同情况一类似，也要求种群 1 等斜线的斜率必须大于种群 2 等斜线的斜率，即 $1/\beta_{12}>\beta_{21}$，可得 $\beta_{12}\beta_{21}<1$，如图 5-17 所示。

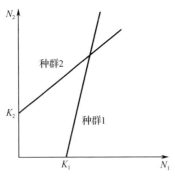

图 5-16　共生情况一

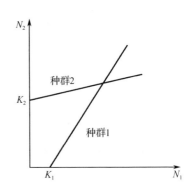

图 5-17　共生情况二

　　情况三：$\beta_{12}<1$，$\beta_{21}<1$ 时，种群 1 等斜线的斜率必然会大于种群 2 等斜线的斜率，两个种群的等斜线会汇聚一点，最终实现稳定共生，如图 5-18 所示。

　　情况四：$\beta_{12}>1$，$\beta_{21}>1$ 时，种群 1 等斜线的斜率必然会小于种群 2 等斜线的斜率，两个种群的等斜线不会相交，种群 1 和种群 2 是独立的，不会形成共生关系，如图 5-19 所示。

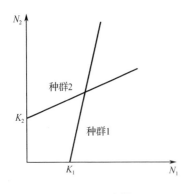

图 5-18　共生情况三

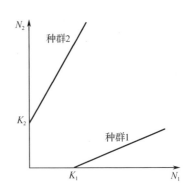

图 5-19　共生情况四

（二）种群共生模型仿真

运用 Matlab2019 版本可以对新兴产业创新生态系统的创新种群共生模型进行函数模拟，根据种群共生条件对种群共生模型进行参数设置。

假设：$r_1=0.5$，$r_2=0.6$，$K_1=K_2=1000$

1．$\beta_{12}=0.5$，$\beta_{21}=1.1$，$N_1(0)=10$，$N_2(0)=12$

该种情况下，$\beta_{12}<1$，$\beta_{21}>1$ 且 $\beta_{12}\beta_{21}<1$，两个种群可以实现有条件的共生。两个种群的共生对对方均有促进作用，种群 2 的存在对种群 1 的促进作用小于种群 1 对种群 2 的促进作用。两个种群最终都超过其单独发展所能达到的最大值，且种群 2 由于受到的促进作用更大，因此种群 2 增长得更快。两个种群属于偏利共生的关系，如图 5-20（a）所示。

2．$\beta_{12}=1.1$，$\beta_{21}=0.5$，$N_1(0)=10$，$N_2(0)=12$

该种情况与情况 1 类似，$\beta_{12}>1$，$\beta_{21}<1$ 且 $\beta_{12}\beta_{21}<1$，两个种群可以实现有条件的共生。两个种群的共生对对方均有促进作用，种群 1 的存在对种群 2 的促进作用小于种群 2 对种群 1 的促进作用。两个种群最终都超过其单独发展所能达到的最大值，且种群 1 由于受到的促进作用更大，因此种群 1 增长得更快。两个种群仍然属于偏利共生的关系，如图 5-20（b）所示。

3．$\beta_{12}=0.7$，$\beta_{21}=0.5$，$N_1(0)=10$，$N_2(0)=12$

该种情况下，$\beta_{12}<1$，$\beta_{21}<1$，两个种群一定可以实现共生，种群 2 对种群 1 的促进作用稍大。两个种群的合作能够在很大程度上促进对方的发展，最终两个种群都能超过其内禀自然增长率下所能达到的最大值。两个种群均能获得很大的收益，属于互利共生的关系，如图 5-20（c）所示。

4．$\beta_{12}=1.2$，$\beta_{21}=1.1$，$N_1(0)=10$，$N_2(0)=12$

这种情况下，$\beta_{12}>1$，$\beta_{21}>1$，两个种群的共生强度均大于1。从长远来看，两个种群不会形成共生关系，主要依靠自身的能力发展。两个种群是相互独立并能够共存的关系，如图 5-20（d）所示。

5．**仿真结果分析**

通过对创新种群共生模型的参数进行设置，运用 Matlab2019 软件对其仿真。结果表明，当两个种群的共生影响系数一个大于1，另一个小于1，且其乘积小于1时，共生影响系数较大的种群收益较大，两个种群形成偏利共生关系。当两个种群的共生影响系数均大于0小于1时，两个种群一定会形成互利共生关系，他们的合作双方都会从中获取很大的收益。当两个种群的共生影响系数均大于1时，他们不会形成共生关系，而是独立发展。

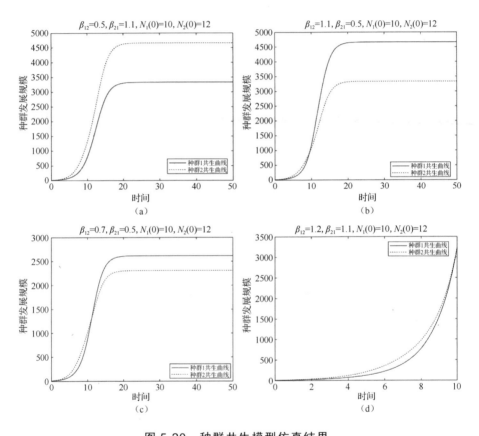

图 5-20　种群共生模型仿真结果

四、新兴产业创新生态系统创新种群的竞合模型

新兴产业创新生态系统中，创新种群之间的竞争和共生是可以同时存在的。结合种群竞争模型和共生模型，可以得出种群的竞合模型：

$$dN_1/dt = rN_1\left(\frac{K_1 - N_1 - \lambda_{12}N_2}{K_1}\right) \tag{5-12}$$

$$dN_2/dt = rN_2\left(\frac{K_2 - N_2 - \lambda_{21}N_1}{K_2}\right) \tag{5-13}$$

其中，λ 为两个种群间相互影响的系数。当 $\lambda>0$ 时，种群 1 和种群 2 为竞争关系，当达到平衡时，种群 1 和种群 2 可以实现竞争共生关系；当 $\lambda<0$ 时，种群 1 和种群 2 的关系主要是共生关系。

经过差分变换，式（5-12）可变形为：

$$N_{1(t+1)} - N_{1(t)} = r_1 N_{1(t)} - \frac{r_1 N_{1(t)}^2}{K_1} - \frac{r_1 \lambda_{12} N_{1(t)} N_{2(t)}}{K_1} \tag{5-14}$$

已知 $N_1 = \lambda_{12} N_2$，$N_2 = \lambda_{21} N_1$，代入到差分方程中，可得：

$$\Delta N_1 = r_1 \lambda_{12} N_{2(t)} - \frac{2r_1 \lambda_{12}^2 N_{2(t)}^2}{K_1} \tag{5-15}$$

令 $A_1 = r_1 \lambda_{12}$，$A_2 = -\dfrac{2r_1 \lambda_{12}^2}{K_1}$，代入式（5-15）中可得：

$$\Delta N_1 = A_1 N_{2(t)} + A_2 N_{2(t)}^2 \tag{5-16}$$

式（5-16）的一般形式为：

$$\Delta N_1 = A_0 + A_1 N_{2(t)} + A_2 N_{2(t)}^2 + e_{(t)} \tag{5-17}$$

解该方程，可得：

$$N_2^* = \frac{-A_1 \pm \sqrt{A_1^2 - 4A_2 A_0}}{2A_2} \tag{5-18}$$

同样，令 $A_3 = r_2 \lambda_{21}$，$A_4 = -\dfrac{2r_2 \lambda_{21}^2}{K_2}$，可得：

$$\Delta N_2 = A_0' + A_3 N_{1(t)} + A_4 N_{1(t)}^2 + e_{(t)}' \tag{5-19}$$

解该方程，可得：

$$N_1^* = \frac{-A_3 \pm \sqrt{A_3^2 - 4A_4 A_0'}}{2A_4} \tag{5-20}$$

设 $K_1 = K_2$，可得：

$$\lambda_{12}/\lambda_{21} = A_2 A_3 / A_1 A_4 \tag{5-21}$$

由式（5-21）可知，通过估计 A_1、A_2、A_3、A_4 的值，可以得出 λ_{12} 和 λ_{12} 的比率，从而通过该比率可以设定竞合模型中的 λ 的值来进行种群

关系的仿真。

本书根据 2018 年战略性新兴产业分类，选取电子器件制造业中的细分行业电子真空器件制造业和半导体分立器件制造业进行创新种群竞合模型的仿真，从而分析创新种群竞争和共生关系对电子器件制造产业创新生态系统运行的影响。在此，仍然选择能够代表创新能力的专利种群进行竞合模型的分析，根据数据的可得性和有效性，选取电子真空器件制造业和半导体分立器件制造业 1996～2015 年的专利申请数据，如表 5-5 所示。利用 SPSS23 软件对种群竞合模型中差分方程的参数进行估计，如表 5-6 所示为估计结果。

表 5-5　电子真空器件制造业和半导体分立器件制造业专利申请数

单位：件

年份	电子真空器件制造业	半导体分立器件制造业	年份	电子真空器件制造业	半导体分立器件制造业
1996	20	6	2006	331	30
1997	13	2	2007	185	47
1998	21	2	2008	243	149
1999	21	3	2009	287	262
2000	47	6	2010	519	352
2001	73	14	2011	1244	302
2002	192	17	2012	2751	725
2003	312	55	2013	184	391
2004	188	20	2014	143	662
2005	110	10	2015	119	771

数据来源：高技术产业统计年鉴（1997～2017）

表 5-6　模型拟合与参数估计

模型	模型摘要					参数估算值		
	调整后的 R 方	F	自由度 1	自由度 2	显著性	常量	b1	b2
模型 1	0.570	12.92	2	16	0.000	-91.98	5.763 8	-0.011
模型 2	0.509	10.17	2	16	0.001	-22.22	0.487 1	-0.000 2

估计的参数值为：

$$A_1 = r_1\lambda_{12} = 5.763\ 8$$

$$A_2 = -\frac{2r_1\lambda_{12}^2}{K_1} = -0.011$$

$$A_3 = r_2\lambda_{21} = 0.487\ 1$$

$$A_4 = -\frac{2r_2\lambda_{21}^2}{K_2} = -0.000\ 2$$

其中，$A_1 > 0$，$A_2 < 0$，可得 $\lambda_{12} > 0$，根据估算值可得 $N_2^* = \dfrac{-A_1 \pm \sqrt{A_1^2 - 4A_2A_0}}{2A_2}$ > 0，且当 $N_2 = 0$ 时，$\Delta N_1 < 0$。由此可得方程 $\Delta N_1 = A_0 + A_1 N_{2(t)} + A_2 N_{2(t)}^2 + e_{(t)}$ 是一条向下弯曲的曲线，当 $\dfrac{-A_1 - \sqrt{A_1^2 - 4A_2A_0}}{2A_2} < N_2 < \dfrac{-A_1 + \sqrt{A_1^2 - 4A_2A_0}}{2A_2}$ 时，$\Delta N_1 > 0$，两个种群是以协同为主兼有竞争的。当 $0 < N_2^* <$ $\dfrac{-A_1 - \sqrt{A_1^2 - 4A_2A_0}}{2A_2}$ 或者 $N_2^* > \dfrac{-A_1 + \sqrt{A_1^2 - 4A_2A_0}}{2A_2}$ 时，$\Delta N_1 < 0$，两个种群是以竞争为主兼有协同的。同理可得，$\Delta N_2 = A_0' + A_3 N_{1(t)} + A_4 N_{1(t)}^2 + e_{(t)}$ 同样是一条向下弯曲的曲线，且方程有解。

通过对两个方程估算结果的综合分析，可以得出：2012 年以前，两个行业的专利种群是以协同为主兼有竞争，而 2012 年以后是竞争为主兼有协同的。根据估算值可得 $\lambda_{12}/\lambda_{21} = 4.65$，设 $\lambda_{12} = 2.33$，$\lambda_{21} = 0.5$，由于内禀自然增长率对竞争结果的影响较小，故设 $r_1 = r_2 = 0.5$，$K_1 = K_2 = 10\ 000$，利用 Matlab 软件对竞合模型进行仿真，结果如图 5-21 所示。仿真结果和原始数据的走向也基本保持一致，如图 5-22 所示。电子真空器件制造业和半导体分立器件制造业的专利申请数开始都保持快速增长，但电子真空器件制造业的专利申请数在达到一个顶峰后逐渐下降，半导体分立器件制造业的专利申请数一直在增长最终超过电子真空器件制造业。

这是因为，电子真空器件制造业和半导体分立器件制造业同属于电子行业，在许多领域具有可替代性。其中，电子真空器件诞生于 20 世纪初，主要是指真空电子管，曾被广泛地应用于通信、雷达、医学等领域。由于真空电子管有一定的局限性，科学家们在对半导体深入研究

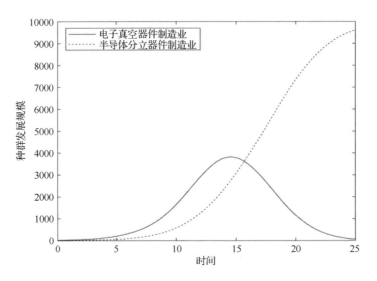

图 5-21　竞合模型仿真结果

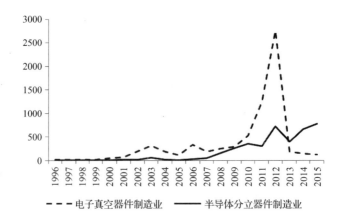

图 5-22　电子真空器件制造业和半导体分立器件专利申请数实际值

的基础上于 20 世纪 40 年代发明了晶体管。晶体管相较于真空电子管在频率特性、体积和抗震等方面更具有优势，因此在一些领域逐渐替代了真空电子管。但是，真空电子管相较于晶体管更为稳定，并且失真度更低，所以一些领域仍然在使用。因此，在很长的时间内，电子真空器件制造业和半导体真空器件制造业处于协同为主兼有竞争的状态。科研工作者也一直试图在两个行业中寻求创新，因此两个行业的专利种群均处于增长状态。然而，随着电子信息设备逐渐趋于小型化、轻便化，电子真空器件的劣势更为突出，且技术创新的潜力逐渐降低，专利种群在达到最大值后开始急速下降。相反，半导体分立器件制造业的专利种群还处于快速发展阶段，技术创新的潜力较高。因此，具有技术创新能力的企业可以继续进入半导体分立器件制造业。目前，电子真空器件制造业和半导体分立器件制造业的专利种群已经处于竞争为主兼有协同的阶段，即主要通过竞争来促进整个电子器件制造业创新能力的提升。

第三节　新兴产业创新生态系统的扩散机制

新兴产业创新生态系统的创新主体在动力要素的作用下进行创新活动。随着创新主体之间竞争、协同等互动，创新资源和创新成果逐渐在系统内扩散开来。最早提出创新扩散理论的是美国著名学者E.M.Rogers，他认为创新扩散是指创新成果随着时间的推移通过某种方式在社会系统中的各个成员之间进行传播的过程。新兴产业创新生态系统的创新扩散机制是指新知识、新技术和新产品通过人才流动、产学研合作和产业关联等途径在创新主体之间的传播。

一、通过人才流动产生的创新扩散

人才是技术、知识和信息的载体，不同类型人才的流动推动了技术、知识等创新资源的流动，从而促进了创新的扩散。人才的流动可以分为有形流动和无形流动。有形的流动是指人才的转移，即自主择业，主要包括两种形式：一是高校和科研机构培养的科技创新人才，进入到新兴产业创新生态系统的各个创新主体中，即通过就业的方式将他们在高校和科研机构获取的知识、技术等创新资源在系统内进行扩散；二是同一个行业或者相近行业之间，经营管理人才或具有专业技能的人才往往会通过"跳槽"的方式流动，伴随着人才的流动，经营管理、技术创新等知识必然会随之扩散。无形的流动是指不同机构、企业或者部门之间的人才交流。例如，企业间技术人员的交流，企业聘请高校和科研机构的高层次专业人才进行技术指导，企业人员到高校培训或者是高校之间的学术交流等，都促进了创新的扩散。

二、通过产学研合作产生的创新扩散

新兴产业创新生态系统中，高校和科研机构主要从事科学技术研究，是新知识和新技术的供给者；企业主要从事生产经营活动，是知识和技术的需求者。由于创新活动具有周期长、投入高的特点，企业往往难以承担创新的高风险和高成本，并且缺乏技术转化的高层次人才，所以需要与高校和科研机构进行合作。在产学研合作的过程中，企业的研发人员和高校、科研机构的科研人员通过反复的沟通进行知识、技术和信息的交换，在此基础上研发出新技术和新产品，完成创新的扩散。企业对创新资源和创新成果的需求越强烈，创新在产学研合作各方之间扩散的速度越快。同时，在产学研合作的过程中，科技中介机构为合作各方提供了及时、准确的信息，极大地减少了合作各方的交易成本，加速了科技成果的转移和转化，同时促进了信息资源在新兴产业创新生态系统中的扩散。此外，金融机构为高校、科研机构和企业在技术转移的过程中提供了资金支持，在创新扩散中起到重要的作用。

三、通过产业关联产生的创新扩散

纵向产业链上，某个企业的创新会对产业链上的其他企业提出创新要求。突出地表现为：核心企业在技术和产品上有了突破和创新时，会要求上、下游企业提供相关的配套服务；核心企业会主动地促使技术和知识的外溢，以缩短创新成果产业化的时间。此外，下游企业和用户是产业链上的最后一环，与市场的联系最为紧密，故能迅速及时地获取市场对新产品的需求信息，并反馈到核心企业。核心企业根据市场需求所进行的创新能够更快地被市场所接受，加快了创新扩散的速度。横向产业链上，互补企业之间会为了降低创新成本和创新风险进行合作，促进了技术、知识的溢出和再造；竞争企业之间，某一企业的创新会给其他企业带来竞争压力，促使其他企业对创新企业的新技术和新产品进行学习和模仿，从而促进了创新扩散。

第四节　新兴产业创新生态系统的保障机制

新兴产业创新生态系统运行过程中还需要保障机制发挥作用。保障机制是指：为了保证新兴产业创新生态系统创新的可持续发展，借助创新环境和创新资源，为创新活动提供物质和精神条件的机制。新兴产业创新生态系统的保障机制通过政策激励、风险管控、信息共享、市场公平竞争的环境等要素发挥作用。

一、政策激励

新兴产业创新生态系统的创新活动是由创新主体来完成的，政府通过制定创新政策鼓励创新主体进行创新。创新政策的激励作用体现在创新的各个环节中。创新初期，政府会通过制定产业战略规划引导创新方向，为创新提供所需要的基础设施建设，并通过税收、金融、产业等政策调动系统内创新主体的积极性。例如，为高校和科研机构的科技研发工作提供资金支持；为促进企业创新，实施研发经费加计扣除等税收优惠政策。创新过程中，政府会通过制定知识产权及科技成果转移转化等相关法律法规，保证创新主体利益，促进创新主体之间的合作，减少创新合作中出现的纷争，从而保证创新活动的顺利进行和创新成果的转移转化。创新成果最终实现产业化和商品化后，政府又会通过政府采购、税收优惠等政策为创新产品提供市场，促进创新活动的可持续性。

二、风险管控

高风险是新兴产业创新活动最显著的特征，主要包括技术风险、市场风险、社会风险、管理风险、资金风险等。过高的风险会对创新活动起到抑制作用，特别是一些实力较弱的中小型企业由于无法承担高风险而对创新活动望而却步；但高风险也伴随着高收益，往往一两项成功的创新就会给企业带来巨大的收益。因此，为了获得更多的利润，企业会倾向于创新，同时会采取一系列措施降低创新风险，对风险进行管控。面对经营风险，企业通常会建立科学的经营管理机制，根据企业创新所带来的业务变化随时调整组织架构；面对财务风险，企业会利用风险投资、证券市场等方式转移和分散创新带来的资金风险；面对市场风险，企业会建立信息反馈机制，做好情报工作，及时了解市场信息，并针对市场信息做出调整；面对技术风险，企业会对科技成果进行全面的论证，一方面对科技成果本身进行论证，另一方面对企业的接受能力进行论证，减少创新基础阶段的风险。除了企业自身所采取的风险管控措施，政府也在创新风险管控方面起到重要的作用，例如通过加强监管完善风险投资环境，并给予风险投资机构予政策补贴等优惠，从而降低创新主体的创新风险。

三、信息共享

信息共享是指不同部门、不同主体之间进行信息资源的交流，从而实现信息资源的合理配置。信息共享的前提是开放性，新兴产业创新生态系统是一个开放性的系统，同时各个主体也是开放的。但不同的创新主体由于时间和空间的限制，不可能获取完备的信息，信息的片面性会大大降低创新的效率。科技中介机构为创新主体之间搭建了信息沟通的桥梁。创新主体通过科技中介机构完成创新信息的共享，并降低了搜寻信息所带来的成本。此外，政府通过搭建官方的线上和线下信息共享平台，鼓励各个创新主体将各自的供需信息在信息共享平台上公开，保证了信息的可靠性和真实性，从而加速信息资源在不同创新主体之间的流动。新兴产业创新生态系统的信息共享机制提高了信息资源的利用效率，促进了创新主体之间的合作，同时提高了新兴产业创新生态系统的创新效率。

四、市场公平竞争

竞争在新兴产业创新生态系统中普遍存在，适度的竞争可以激发企业的创新动力。但并非所有的竞争都有正面影响，例如一些实力雄厚的企业依靠其在技术、物质等资源上的优势在某一领域处于垄断地位，又或者一些企业为了能够在竞争中获取暴利，采取低价出售等不正当手段来扰乱市场秩序，都造成了不公平竞争，从而抑制了企业的创新。政府是公平竞争市场环境的维护者。当市场机制失灵时，政府会制定相应的法律法规和政策规范，监督市场参与者的行为，防止非公平竞争行为的发生，从而创建公平竞争的市场环境，激发创新主体活力。

第五节　我国新兴产业创新生态系统运行效率评价

通过对新兴产业创新生态系统的结构、功能、形成过程、运行机制以及演化的分析可知，系统在创新主体与创新环境不断地互动过程中持续演化。为了更直观地了解新兴产业创新生态系统运行的情况，需要对新兴产业创新生态系统的运行效率做出评价，以便针对运行中存在的问题进行改进。新兴产业是指由新技术推动或者新需求拉动而形成的新的部门或者行业，因此高技术产业属于新兴产业范畴。本章以我国高技术产业为例，旨在通过对高技术产业创新生态系统运行效率的分析，总结和提炼出影响新兴产业创新生态系统运行的关键因素，为新兴产业的从业者和相关政策的制定者提供一定的参考。

一、我国高技术产业创新生态系统评价指标体系的构建

（一）评价指标体系的构建原则

选择指标是有效评价问题的关键，并直接决定了评价结果的好坏。因此，构建评价指标体系要充分考虑到新兴产业创新生态系统的演化特征和数据包络模型的要求，保证其能全面、客观和充分地反映新兴产业创新生态系统的运行状况。为了实现这一目标，本书在构建评价指标体系时主要遵循以下原则。

1. 科学性原则

科学性原则是构建评价指标体系的核心原则。它是指评价指标体系的构建需要具备一定的科学依据，能够真实、客观、全面地反映研究问题的实际情况。如果没有坚持科学性原则，选取的指标则不具备可靠性，会导致最终的评价结果失去合理性和可信性。坚持科学性原则，一是要保证选取指标的准确性，既要保证能够客观地选取指标，又能够十分精准地反映新兴产业创新生态系统的发展状况和特征；二是要确保所选取

指标结构的合理性和协调性，以保证最终实现目标的一致性；三是选取的指标要完整，除了要满足最终的评价目标以外，还能够反映评价对象的整体情况。

2. 全面性原则

全面性原则是指选择指标要明确各个指标所代表的独立内涵，同时还要体现出指标之间的相互联系，能从不同角度全面反映评价对象的特征。新兴产业创新生态系统是一个由多个要素之间互动而形成的复杂系统，因此，在选取指标时要考虑到各个要素对系统运行的影响及其相互联系对系统功能实现的作用，只有这样才能对新兴产业创新生态系统的运行做出全面的评价。

3. 重要性原则

重要性原则是指选取的指标要突出重点，用少而精的指标达到最终的评价目标。坚持重要性原则，一是要保证所选取的指标能够全面反映新兴产业创新生态系统运行的效率，在此基础上分清主次，选取那些具有代表性的指标，尽可能地从不同的层次和角度对系统进行评价，避免冗余指标给评价结果带来的不利影响；二是如果某项指标在评价指标体系中是非常重要的，即使在收集数据时需要花费很大的成本，仍然要不遗余力地完成该指标的收集工作。相反，如果一些指标是次要的，即使很容易得到，也应该放弃。

4. 可操作性原则

可操作性原则主要体现在：一是要保证选取的指标概念清晰，定义明确，避免内容过于冗杂。二是要确保指标的可比性，即统一产业范围和指标的内涵；三是要在全面性原则和重要性原则的基础上，考虑数据的可得性和适用性，即是否能够从资料中获取原始数据或者通过加工整理得到。因此，在构建评价指标体系的过程中，要同时考虑到指标数据的真实性和实际操作过程的可实现性。

（二）评价指标体系的指标构建

创新生态系统的研究在我国起步较晚，学者们主要集中在对创新系统运行效率的研究，对创新生态系统运行效率评价指标的研究较少。杨锋等（2008）从投入和产出两方面构建了评价国家创新系统运行效率的指标体系，其中，投入指标包括研发经费、研发人力，产出指标包括专利和论文。白俊红等（2009）基于 DEA 评价方法对中国创新系统的创新效率进行评价，并选取了研发资金投入强度和研发人力资源强度作为投入指标，选取万名就业人员专利授权量、万名研发活动科技论文数、万人科技成果交易额以及亿元新增投资 GDP 为产出指标。雷家骕等（2016）对中国汽车产业的创新系统效率进行研究，在构建评价指标体系过程中，将研发经费支出、全行业投资总额、研发人员数量、平均职工人数以及高校的数控设备数量定为输入变量，将发明专利申请量、新产品产值和劳动生产率增量定为输出变量。李作志等（2019）将我国高技术产业技术创新分为科技研发阶段和经济转化阶段，其中科技研发阶段的投入指标为研发机构数、研发人员全时当量、研发经费支出，产出指标为专利数和研发项目数；经济转化阶段的投入指标为科技产出中的一部分，产出指标为新产品的销售收入、利润、利税和出口贸易值。

参考创新系统效率评价的相关研究，基于新兴产业创新生态系统评价指标体系的构建原则，并充分考虑新兴产业创新生态系统的运行特征和评价模型要求，在重要性和可操作性的指导下，本书构建了新兴产业创新生态系统效率的评价指标体系，如表 5-7 所示。

表 5-7 新兴产业创新生态系统效率评价指标体系

一 级 指 标	二 级 指 标	指 标 名 称
创新投入指标	创新种群指标	企业数量
		R&D 机构数量
	创新资源指标	R&D 人员全时当量
		新产品研发经费
		R&D 经费支出
创新产出指标	创新效益指标	新产品销售收入
	创新成果指标	拥有发明专利数

选择上述指标主要是因为：（1）企业数量和 R&D 机构数量属于创新种群指标，其数量能够反映高技术产业创新生态系统的规模。（2）R&D 人员全时当量反映了高技术产业创新生态系统人力资源的投入水平。

（3）R&D 经费支出是指高技术企业投入到研发活动中的费用，能够反映高技术产业创新生态系统在研发活动中的资金投入水平。（4）新产品研发经费是用于开发新产品过程中所投入的费用，能够反映高技术创新生态系统在产品研发中的资金投入水平。（5）新产品销售收入属于效益产出指标，一方面能够反映创新成果的产业化能力，另一方面也能够反映高技术产业创新生态系统的创新能力。（6）拥有发明专利数能够直接反映高技术产业创新生态系统的创新成果的多少，是评价系统创新能力的重要指标。

二、我国高技术产业创新生态系统运行效率评价方法

（一）超效率 DEA 模型

数据包络分析（Data Envelopment Analysis，DEA）是由著名的运筹学家 A.Charners 和 W.W.Copper 于 1978 年提出的一种效率评价方法，其基本原理是运用数学规划模型来评价具有多个输入和多个输出的决策单元（Decision Making Units，DMU）是否相对有效。本质上，DEA 是讨论多个决策单元是否位于"生产前沿面"上。利用 DEA 方法来分析多投入多产出的相对效率不需要建立参数形式的模型，可以直接使用输入和输出的数据进行效率评价，也不用考虑输入和输出数据的单位是否统一以及输入或输出变量存在自相关的问题。DEA 在效率评价方面的优势使其被众多学者所使用。

CCR 模型是第一个 DEA 模型，是根据 A.Charners 和 W.Copper 的名字来命名的。CCR 模型基于规模报酬不变来评价决策单元多投出和多产出的相对效率。在此基础上，Banker 于 1984 年提出了基于规模报酬可变的 BCC 模型，从而放宽了规模报酬不变这一假定。新兴产业是处于萌芽期和成长期的产业，还处于规模扩张时期，因此本书采用 BCC 模型对新兴产业创新生态系统的运行效率进行评价。

不论是 CCR 模型还是 BCC 模型，都存在一定的局限性，主要体现在以下几个方面：一是当决策单元的数量小于输出变量的数量时，CCR 和 BCC 模型都只能对决策单元进行有效与否的判断，而无法对有效的决策单元进行排序；二是 CCR 和 BCC 模型在输入和输出指标的权重分

配上会经常会出现关键性指标权重过小，而一般性指标权重过大的问题。为了弥补 CCR 和 BCC 模型的缺陷，Andresen 和 Petersen 于 1993 年又提出了超效率 DEA 模型。超效率模型能够在评价有效决策单元时将自身排除在外，从而对全部有效单元进行排序。因此，本章在传统 BCC 模型的基础上进一步采用超效率 DEA 模型对新兴产业创新生态系统运行的静态效率进行评价。

1. BCC 模型

假设有 n 个决策单元，每个决策单元对应的输入变量和输出变量的数据如表 5-8 所示。

表 5-8 输出变量和输入变量数据

1	2	...	n
x_{11}	x_{22}	...	x_{1n}
...	...	...	...
x_{m1}	x_{m2}	...	x_{mn}
y_{11}	y_{22}	...	y_{1n}
...	...	...	...
y_{s1}	y_{s2}	...	y_{sn}

其中，$x_j \in E^m$，$x_j > 0$，$j = 1, \cdots, n$；$y_j \in E^s$，$y_j > 0$，$j = 1, \cdots, n$。则 DUM_j 决策单元的投入产出效率为：

$$K_j = u^T X_j / v^T Y_j, \quad j = 1, \cdots, n \quad （5-22）$$

其中，$X_j = (x_{1j}, x_{2j}, \cdots, x_{mj})^T$，$Y_j = (y_{1j}, y_{2j}, \cdots, y_{sj})^T$，$u^T$ 是产出的权重向量，v^T 是投入的权重向量。目的是通过获得最优的权重向量而得到最大的投入产出效率，则可以得到以下数学规划问题：

$$\text{Max } u^T X_j / v^T Y_j \quad （5-23）$$

$$\text{s.t. } u^T X_j / v^T Y_j \leqslant 1, \quad u \geqslant 0, \quad v \geqslant 0, \quad j = 1, \cdots, n$$

根据线性规划的对偶理论，引入松弛变量 s^- 和 s^+，将上述数学规划问题转化为线性规划问题，则可得 BCC 模型：

$$\begin{cases} \text{Min}\left[\theta - \varepsilon\left(\sum_{j=1}^{m} s^- + \sum_{j=1}^{s} s^+\right)\right] \\ \sum_{j=1}^{n} x_j \lambda_j + s^- = \theta X_0 \\ \sum_{j=1}^{n} y_j \lambda_j - s^+ = Y_0 \\ \sum_{j=1}^{n} \lambda_j = 1 \\ \lambda_j \geq 0, \ s^+ \geq 0, \ s^- \geq 0, \ j = 1, \cdots, n \end{cases} \quad (5\text{-}24)$$

其中，θ 是决策单元投入产出效率的得分。当 $\theta=1$ 时，决策单元有效；当 $\theta<1$ 时，决策单元无效。

2. 超效率 DEA 模型

超效率 DEA 模型在传统的 BCC 模型上进行了改进，增加了 $j\neq j_0$ 这一约束条件，具体形式为：

$$\begin{cases} \text{Min}\left[\theta - \varepsilon\left(\sum_{j=1}^{m} s^- + \sum_{j=1}^{s} s^+\right)\right] \\ \sum_{j=1, j\neq j_0}^{n} x_j \lambda_j + s^- = \theta X_0 \\ \sum_{j=1, j\neq j_0}^{n} y_j \lambda_j - s^+ = Y_0 \\ \sum_{j=1}^{n} \lambda_j = 1 \\ \lambda_j \geq 0, \ s^+ \geq 0, \ s^- \geq 0, \ j = 1, \cdots, n \end{cases} \quad (5\text{-}25)$$

$j\neq j_0$ 这一约束条件的含义为：超效率模型在对某一决策单元进行评价时，会将这一决策单元排除在外。如果某一决策单元是有效的，则其生产前沿面会向后移动，最终的效率值会大于或等于 1；如果某一决策单元是无效的，则其生产前沿面不会发生移动，最终的效率值与 BCC 模型的结果一致。

（二）Malmquist 指数法

CCR 模型和 BCC 模型均属于静态效率模型，即只能对某一个时期的决策单元的相对效率进行评价，而无法观测到不同时期效率的动态变化。Malmquist 指数法能够对面板数据进行全面的分析，可以直观地了解到效率的动态演化。Malmquist 指数最早是由 Sten.Malmquis 于 1953 年提出的，主要用于分析跨期消费问题。在此基础上，Fare 于 1992 年对其进行了改进，提出了从投入角度来测算全要素生产率（TFP）增长的指数——Malmquist 指数。Malmquist 指数的具体的表达式为：

$$M_1^{t+1}(y^{t+1}, x^{t+1}, y^t, x^t) = \sqrt{\frac{D_i^t(y^{t+1}, x^{t+1})}{D_i^t(y^t, x^t)} \frac{D_i^{t+1}(y^{t+1}, x^{t+1})}{D_i^{t+1}(y^t, x^t)}} \qquad (5\text{-}26)$$

当 $M_1^{t+1} > 1$ 时，则表示 TFP 提高；当 $M_1^{t+1} = 1$ 时，则表示 TFP 不变；当 $M_1^{t+1} < 1$ 时，则表示 TFP 降低。上述 Malmquist 指数又可以分解为技术效率变化指数（effch）和技术变化指数（techch）两部分的乘积：

$$M_1^{t+1}(y^{t+1}, x^{t+1}, y^t, x^t) = \frac{D_i^{t+1}(y^{t+1}, x^{t+1})}{D_i^t(y^t, x^t)} \sqrt{\frac{D_i^t(y^{t+1}, x^{t+1})}{D_i^{t+1}(y^{t+1}, x^{t+1})} \frac{D_i^t(y^t, x^t)}{D_i^{t+1}(y^t, x^t)}} \qquad (5\text{-}27)$$

$$= \text{effch} \times \text{techch}$$

其中，技术变化指数（effch）还可以分解为规模效率变化指数（sech）和纯技术效率变化指数（pech），故 Malmquist 指数又可以表达为：

$$M_1^{t+1}(y^{t+1}, x^{t+1}, y^t, x^t) = \text{sech} \times \text{pech} \times \text{techch} \qquad (5\text{-}28)$$

技术效率变化指数（effch）表示不同时期的实际产出水平与各自最优产出水平的差距之比。如果 effch>1，则表示实际产出水平与其最优产出水平的差距在减小；如果 effch<1，则表示实际产出水平与其最优产出水平的差距在拉大。技术变化指数（techch）表示不同时期相同投入的最优产出水平之比。如果 techch>1，则表示 DMU 技术进步；如果 techch<1，则表示 DMU 技术退步。

三、实证研究

（一）数据来源

根据《高技术产业统计年鉴》的划分标准，我国高技术产业分为医药制造业、航空、航天器及设备制造业、电子及通信设备制造业、计算

机及办公设备制造业、医疗仪器设备及仪器仪表制造业以及信息化学品制造业六大类。这六大行业又被细分为若干个小类，其中医药制造业又被细分为 3 小类；航空、航天器及设备制造业被细分为 2 小类；电子及通信设备制造业被细分为 10 小类；计算机及办公设备制造业被细分为 4 小类；医疗仪器设备及仪器仪表制造业被细分为 2 小类；信息化学品制造业下面没有细分行业。具体分类如表 5-9 所示。本书主要对这 6 大行业和 21 个细分行业的数据进行搜集和整理，数据全部来源于《中国统计年鉴》《中国高技术统计年鉴》和《中国科技统计年鉴》。其中，根据模型的要求，超效率 DEA 模型用到 2015 年和 2016 年两年的数据，由于高技术产业的时滞效应，创新投入选择 2015 年的数据，创新产出选择 2016 年的数据；Malmquist 指数法用到 1996～2016 年的数据。

表 5-9　高技术产业分类

行　业	细分行业
医药制造业	化学药品制造
	中成药生产
	生物药品制造
航空、航天器及设备制造业	飞机制造
	航天器制造
电子及通信设备制造业	通信系统设备制造
	通信终端设备制造
	广播电视设备制造
	雷达及配套设备制造
	视听设备制造
	电子真空器件制造
	半导体分立器件制造
	集成电路制造
	电子元件制造
	其他电子设备制造

续表

行　　业	细　分　行　业
计算机及办公设备制造业	计算机整机制造
	计算机零部件制造
	计算机外围设备制造
	办公设备制造
医疗仪器设备及仪器仪表制造业	医疗仪器设备及器械制造
	仪器仪表制造

（二）我国高技术产业创新生态系统运行效率评价

1. 静态评价结果

（1）高技术产业六大类行业创新生态系统运行效率评价

将 2015 年的投入指标数据和 2016 年的产出指标数据分别输入到 DEAP2.1 软件和 DEA-SOLVER pro5 软件当中，可以得到以投入为导向的 BCC 模型和超效率 DEA 模型对高技术产业六大行业创新生态系统运行效率的评价结果，如表 5-10 所示。

表 5-10　高技术产业创新生态系统运行评价结果

决策单元	BCC				超效率 DEA	
	综合效率	纯技术效率	规模效率	规模报酬	评价值	排名
医药制造业	0.719	0.720	0.998	递减	0.718 745 1	6
航空、航天器及设备制造业	1.000	1.000	1.000	不变	1.547 296 8	4
电子及通信设备制造业	1.000	1.000	1.000	不变	2.453 533 4	1
计算机及办公设备制造业	1.000	1.000	1.000	不变	1.616 330 2	3
医疗仪器设备及仪器仪表制造业	0.820	0.891	0.920	递增	0.820 024 7	5
信息化学品制造业	1.000	1.000	1.000	不变	2.307 308 9	2
平均值	0.932	0.935	0.986		—	

① 综合效率分析

综合效率反映的是各行业创新生态系统对创新资源的利用和配置的能力。效率越接近 1，表示创新生态系统对创新资源的利用越有效，反之则未能实现有效利用。高技术产业创新生态系统运行的综合效率平均值为 0.932。航空、航天器及设备制造业、电子及通信设备制造业、计算机及办公设备制造业和信息化学品制造业的创新生态系统运行的综合效率均为 1，意味着这四个行业的创新生态系统中的创新投入能够被有效利用，已经实现了创新产出的最优水平。医药制造业和医疗仪器设备及仪器仪表制造业创新生态系统的综合效率表现较差，分别是 0.719 和 0.820，均未能处于最优效率前沿面上，说明这两个行业创新生态系统的创新资源未能得到有效利用，其利用率还有待提升。

② 纯技术效率

纯技术效率是指在规模效率可变的条件下，决策单元与生产前沿面的距离。也就是说，纯技术效率反映的是各行业创新生态系统将创新投入转化为创新产出的技术能力。高技术产业创新生态系统运行纯技术效率的平均值为 0.935，整体表现较好。其中，航空、航天器及设备制造业、电子及通信设备制造业、计算机及办公设备制造业和信息化学品制造业的纯技术效率有效，说明这四个行业的创新生态系统将创新投入转化为创新产业的技术能力较强。医药制造业和医疗仪器设备及仪器仪表制造业创新生态系统的纯技术效率分别为 0.720 和 0.891，未能实现纯技术效率有效。

③ 规模效率

规模效率是指规模报酬可变条件下和规模报酬不变条件下生产前沿面之间的距离，反映的是高技术创新生态系统中创新投入规模变动所带来的创新产出的提升。高技术产业创新生态系统运行的规模效率平均值为 0.986，整体表现较好。其中，航空、航天器及设备制造业、电子及通信设备制造业、计算机及办公设备制造业和信息化学品制造业的规模效益均为 1，说明以上四个行业创新生态系统在创新资源的配置上达到了最优，无论增加或减少创新资源数量都会降低其投入产出的水平。医药制造业和医疗仪器设备及仪器仪表制造业创新生态系统的规模效率虽然没有达到规模效率有效，但是均大于 0.9，说明这两个行业的创新生态系统在创新资源的配置上也较为合理，但仍有待改进。

④ 规模报酬分析

规模报酬方面，航空、航天器及设备制造业、电子及通信设备制造业、计算机及办公设备制造业和信息化学品制造业的创新生态系统表现为规模报酬不变，即这四个行业的创新生态系统的现有规模是有效的。医药制造业的规模效益递减，说明医药制造业 2015 年的创新投入相对过剩，所以应该适当减少创新投入的比例。医疗仪器设备及仪器仪表制造业的规模报酬递增，说明现在的创新投入还有不足，需要适当增加创新投入。

⑤ 决策单元排名分析

通过超效率 DEA 的分析结果可知，高技术产业各行业创新生态效率的运行效率水平可按照下列顺序进行排序：电子及通信设备制造业>信息化学品制造业>计算机及办公设备制造业>航空、航天器及设备制造业> 医疗仪器设备及仪器仪表制造业>医药制造业。总体来讲，电子及通信设备制造业创新生态系统的运行效率最高，医药制造业创新生态系统的运行效率最低。

（2）高技术产业细分行业的创新生态系统运行效率评价

选取 21 个细分行业 2015 年的投入指标数据和 2016 年的产出指标数据，并分别输入到 DEAP2.1 软件和 DEA-SOLVER pro5 软件当中，可以得到以投入为导向的 BCC 模型和超效率 DEA 模型对高技术产业 21 个细分行业创新生态系统运行效率的评价结果，如表 5-11 所示。

表 5-11 高技术产业细分行业创新生态系统运行评价结果

决策单元	BCC				超效率 DEA	
	综合效率	纯技术效率	规模效率	规模报酬	评价值	排名
化学药品制造	0.517	0.521	0.991	递增	0.516 748 9	15
中成药生产	0.819	0.837	0.978	递增	0.818 654 3	4
生物药品制造	0.458	0.482	0.949	递增	0.457 747 3	19
飞机制造	0.511	0.599	0.852	递增	0.510 644 1	16
航天器制造	0.388	1	0.388	递增	0.387 675 8	21

续表

决策单元	BCC				超效率 DEA	
	综合效率	纯技术效率	规模效率	规模报酬	评价值	排名
通信系统设备制造	1	1	1	不变	3.578 442 5	1
通信终端设备制造	1	1	1	不变	2.462 321 2	2
广播电视设备制造	0.539	0.571	0.944	递增	0.539 153 8	13
雷达及配套设备制造	0.655	1	0.655	递增	0.655 351 2	7
视听设备制造	0.493	0.499	0.988	递增	0.4 927 8	18
电子真空器件制造	0.606	1	0.606	递增	0.605 795 6	8
半导体分立器件制造	0.57	0.664	0.859	递增	0.570 499 7	11
集成电路制造	0.435	0.446	0.976	递增	0.435 326 2	20
电子元件制造	0.508	0.512	0.992	递增	0.507 731 9	17
其他电子设备制造	0.526	0.549	0.957	递增	0.526 088 7	14
计算机整机制造	1	1	1	不变	1.855 352 9	3
计算机零部件制造	0.573	0.631	0.907	递增	0.572 508 5	10
计算机外围设备制造	0.594	0.649	0.916	递增	0.594 293 8	9
办公设备制造	0.784	0.884	0.886	递增	0.783 902 3	5
医疗仪器设备及器械制造	0.708	0.73	0.97	递增	0.707 633 6	6
仪器仪表制造	0.563	0.572	0.985	递增	0.563 258 5	12
平均值	0.631	0.721	0.895		—	

① 综合效率分析

高技术产业 21 个决策单元综合效率的平均值为 0.631。综合效率有效的行业有三个，分别为通信系统设备制造、通信终端设备制造以及计算机整机制造，说明这三个行业的创新生态系统能够实现创新资源的有效利用。其余行业创新生态系统的综合效率均小于 1，说明这些行业的创新生态系统中的创新资源没有得到有效利用，还有很大的改进空间。其中，生物药品制造、航天器制造、视听设备制造、集成电路制造的综合效率均低于 0.5，说明这些行业的创新生态系统的运行效率极低，需要对创新资源的配置进行调整。

② 纯技术效率分析

高技术产业 21 个细分行业创新生态系统纯技术效率的平均值为 0.721。其中，航天器制造、通信系统设备制造、通信终端设备制造、雷达及配套设备制造、电子真空器件制造和计算机整机制造均为纯技术效率有效，说明这 6 个行业的创新生态系统将创新投入转化为创新产出的技术能力很强。其他 15 个行业的纯技术效率表现较差，生物药品制造、视听设备制造和集成电路制造的纯技术效率甚至低于 0.5，说明这三个行业的创新生态系统亟须提升将创新投入转化为产出的技术能力。

③ 规模效率分析

高技术产业 21 个细分行业的创新生态系统运行的规模效率平均值为 0.895，整体表现较好。其中，通信系统设备制造、通信终端设备制造和计算机整机制造的规模效益均为 1，说明以上 3 个行业的创新生态系统在创新资源的配置上达到了最优，无须再调整创新资源的配置。其余行业中，有 12 个行业的规模效率在 0.9 以上，表现较好；仅有航天器制造的规模效率低于 0.5，说明航天器制造业创新生态系统创新资源的配置效率极低，还有很大的提升空间。

④ 规模报酬分析

评价结果显示，通信系统设备制造、通信终端设备制造和计算机整机制造的规模报酬不变，即创新投入按照一定的比例增加时，创新产出也按照该比例增加。其余产业均处于规模递增的阶段，即当产业创新生态系统的创新投入增加时，创新产出会以更大的比例增长，表明这些产业的创新生态系统还处于孕育期和成长期。

⑤ 决策单元排名分析

超效率 DEA 的评价结果显示，有效决策单元的排名为：通信系统设备制造>通信终端设备制造>计算机整机制造，即通信系统设备制造创新生态系统的运行效率最高。航天器制造的评价值最低，排在所有细分行业的最后一名，故航天器制造创新生态系统还需要进一步完善。

2. 动态评价结果

选取高技术产业 1996～2016 年的数据，输入到 DEAP2.1 软件中，采用 Malmquist 指数模型可以得出高技术产业创新生态系统效率从 1996～2016 年各年份的平均 Malmquist 指数（如表 5-12 所示）以及各行业的 Malmquist 指数（如表 5-13 所示）。

表 5-12　1996～2016 年高技术产业创新生态系统
各年份平均 Malmquist 指数及分解指数

年份	综合效率变化	技术进步变化	纯技术效率变化	规模效率变化	全要素生产率变化
1996～1997	1	1.027	1	1	1.027
1997～1998	0.924	2.316	1	0.924	2.14
1998～1999	1.032	0.887	1	1.032	0.916
1999～2000	0.976	1.577	1	0.976	1.539
2000～2001	1.045	0.875	1	1.045	0.915
2001～2002	1.028	0.904	1	1.028	0.929
2002～2003	0.92	1.482	0.923	0.997	1.364
2003～2004	1.087	0.99	1.083	1.003	1.075
2004～2005	1	1.122	1	1	1.122
2005～2006	0.943	1.221	1	0.943	1.151
2006～2007	0.888	1.21	1	0.888	1.074
2007～2008	1.172	1.073	1	1.172	1.258
2008～2009	0.943	0.995	1	0.943	0.938
2009～2010	0.883	1.479	0.996	0.887	1.306
2010～2011	1.052	1.221	0.964	1.09	1.284
2011～2012	0.869	1.242	0.982	0.884	1.079
2012～2013	1.155	0.964	0.986	1.171	1.113
2013～2014	1.085	1.05	1.027	1.057	1.14
2014～2015	1.008	1.138	1.019	0.99	1.148
2015～2016	0.976	1.082	0.985	0.99	1.056
平均值	0.996	1.159	0.998	0.998	1.154

从表 5-12 可以看出，1996～2016 年我国高技术产业创新生态系统全要素生产率变化指数的平均值为 1.154，也就是说全要素增长率平均每年增长 15.4%。全要素生产率变化指数可以分解为技术进步变化指

数、纯技术效率变化指数和规模效率变化指数。其中，技术进步变化指数的平均值为 1.159，即年均增长率为 15.9%，说明技术进步较快；纯技术效率变化指数和规模效率变化指数的平均值均为 0.998，平均每年以 2%的速度下降。可见，全要素生产率的增长主要是依靠技术进步的推动。纵向来看，全要素生产率在这 21 年中仅有 4 年（1999 年、2001年、2002 年和 2009 年）是下降的，其余年份均保持增长。其中在 1998年增长最快，这和国家政策的推动有关，2012 年以后全要素生产率的增长基本保持稳定，如图 5-23 所示。技术进步变化的趋势几乎与全要素变化率的趋势一致；纯技术效率变化指数在 1 附近小幅度波动，基本保持平缓；规模效率在 2007 年以前变化不大，2007 年之后波动较大。总体来看，纯技术效率和规模效率对全要素生产率的增长作用较小。

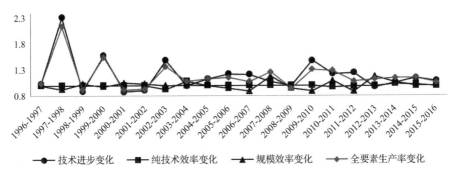

图 5-23 1996～2016 年高技术产业创新生态系统各年份平均 Malmquist 指数及分解指数

如表 5-13 所示为我国高技术产业五大行业创新生态系统的全要素生产率变化指数及其分解指数，由于信息化学品制造业只有 2015～2016年的数据，故在此不做分析。纵向来看，我国高技术产业五大行业创新生态系统的全要素生产率变化指数全部大于 1，即全要素生产率在1996～2016 年间处于增长态势。其中，电子及通信设备制造业创新生态系统的全要素生产率增长最快，年均增速达到 22.6%；航空、航天器及设备制造业创新生态系统的全要素生产率也以年均 19%的速度增加。技术进步变化指数在五大行业中呈现的特征同全要素生产率变化指数基本一致。五大行业创新生态系统中的纯技术效率和规模效率基本保持不变，仅有个别行业稍有下降。横向来看，航空、航天器及设备制造业、电子及通信设备制造业和计算机及办公设备制造业创新生态系统的纯技术效率和规模效率在 1996～2016 年间的增长率为 0，对全要素生产率的增长没有贡献；医药制造业创新生态系统的纯技术效率和规模效率都在降低；医疗仪器设备及仪器仪表制造业创新生态系统的纯技术效率不变，规模效率也在降低，对全要素生产率的作用为负。总体看来，虽然各行业创新生态系统的全要素生产率均保持增长，但都存在内部要素不协调的情况，全要素生产率的增长全部依赖于技术进步，应该在创新投入和关键核心技术上加大力度，发挥纯技术效率和规模效率的作用。

表 5-13　1996～2016 年我国高技术产业五大行业创新
生态系统运行效率 Malmquist 指数及分解指数

决策单元	综合效率变化	技术进步变化	纯技术效率变化	规模效率变化	全要素生产率变化
医药制造业	0.985	1.41	0.990	0.996	1.124
航空、航天器及设备制造业	1.000	1.190	1.000	1.000	1.190
电子及通信设备制造业	1.000	1.226	1.000	1.000	1.226
计算机及办公设备制造业	1.000	1.114	1.000	1.000	1.114
医疗仪器设备及仪器仪表制造业	0.994	1.127	1.000	0.994	1.120
平均值	0.996	1.159	0.998	0.998	1.154

本章对新兴产业创新生态系统的运行机制进行了详细地分析。首先，构建了新兴产业创新生态系统运行机制的研究框架，确定要分别从动力机制、竞争和共生机制、扩散机制和保障机制入手进行分析。其次，从内推动力和外拉动力两方面对动力机制进行研究，内推动力是指企业创新文化推动、创新收益驱动和创新资源保障；外拉动力是指政府行为支持、市场需求拉动和科学技术进步，内外动力的共同作用构成了新兴

产业创新生态系统的动力机制。之后，基于种群的竞争和共生理论，对新兴产业创新生态系统的竞争和共生机制进行分析，运用 Matlab 软件分别对竞争模型和共生模型进行了仿真，并选取电子真空器件制造和半导体分立器件制造业的专利申请数对竞合模型进行仿真。最后，以高技术产业为例，运用超效率 DEA 模型和 Mamquist 指数法，对我国新兴产业创新生态系统的运行效率进行评价。

第六章

新兴产业创新生态系统的演化研究

根据系统科学理论，系统会处在不断演化当中。新兴产业创新生态系统的演化是指系统的结构和功能随时间而发生改变的过程。本章将分别对新兴产业创新生态系统演化的前提、演化过程和演化机制进行详细的分析。

第一节　新兴产业创新生态系统演化的前提

演化经济学认为，新需求、新技术、新制度和新资源的创造和产生是经济持久变化的充分条件。这一点是新古典经济学和演化经济学在研究经济增长原因上的根本区别。新古典经济学研究经济增长是基于经济人偏好、现有的制度和可供使用的资源等条件下，如何进行资源的合理配置从而实现均衡，即经济行为主体是在给定的条件中做出选择的，而不会创造条件，这些既定条件的新变化作为外生因素。然而，新古典经济学无法解释自产业革命之后经济的快速发展和结构的变化。演化经济学对新古典经济学进行了批判，认为新需求、新技术和新制度等因素是经济得以持续增长的根本动因，而由既定技术、资源和制度所形成的资源配置只是经济增长的必要条件。这些新偏好、新技术、新资源等是新的行动可能性的发现，是人类创造的结果，当这些发现被应用时就产生了创新。

新兴产业创新生态系统中聚集了大量的创新主体，这些创新主体就是新的行动可能性发现的源泉。创新主体之间、创新主体与创新环境之间以及创新主体与系统外部环境错综复杂的互动关系，也促使新的行动可能性不断地涌现。创新主体在对新的行动可能性的不断搜寻、试错和解决过程中产生了创新。当某个创新主体从创新中获得收益时，系统内的其他创新主体会由于竞争压力，通过引进、学习和模仿创新者的行为来提高自身的创新能力和竞争力。新兴产业创新生态系统整体的创新能力在这个过程得到提高，系统也实现了低级向高级的演化。我们把新需求、新技术、新制度和新资源的创造和产生称为"新奇创生"。新兴产业创新生态系统的"新奇创生"是系统得以演化的基本前提。

第二节　新兴产业创新生态系统的演化过程

随着时间的推移，自然生态系统中的生物群落会发生更替，生态环境也会随之变化，在生物群落和生态环境的共同作用下自然生态系统会逐渐从孕育期走向衰退期。与自然生态系统类似，新兴产业创新生态系统的演化也会经历孕育期、成长期、成熟期和衰退期四个阶段。

一、孕育期

孕育期是指新兴产业创新生态系统发展的初期。此时，创新个体呈点状分布，各主体之间主要是竞争关系。在竞争过程中，会出现具有优势的创新个体，其他创新个体和创新要素会向该优势个体进行集聚，但集聚的速度较为缓慢，还未能形成创新种群和创新群落。整个系统的组成成分和结构都较为简单，系统功能也不完善。随着新的创新物种的加入，新兴产业创新生态系统的结构和功能逐步完善，系统步入下一个阶段。

二、成长期

成长期是指新兴产业创新生态系统的快速发展时期。随着系统的逐步稳定，创新种群围绕优势创新主体快速增长，创新主体之间的关系从单纯的竞争关系逐渐演化为合作和竞争并存。主体之间的互动日益频繁，创新环境不断优化。系统外部的创新主体和创新资源开始向系统内部流动，使得新兴产业创新生态系统的创新能力得到快速提升，整个系统处于快速发展时期。

三、成熟期

成熟期是指新兴产业创新生态系统稳定发展的阶段。随着新兴产业创新生态系统的不断发展壮大，系统内积累的创新能量都在这一时期集中爆发。系统内的企业、高校、科研机构、服务机构等创新主体之间基于共同的利益准则形成了长期稳定的协作机制。创新政策、创新资源、创新文化、创新市场都不断完善并趋于稳定。此时，创新种群的生态位不存在重叠，创新主体各司其职有序发展，新兴产业创新生态系统的创新能力达到最大。这一时期的系统虽然处于平稳发展时期，但整个系统的弹性减弱，如果不能够寻求到促进系统发展的新的增长点，系统可能会在外部的干扰作用下走向衰退。反之，系统则得到优化，进入新的循环。

四、衰退期

衰退期是指新兴产业创新生态系统由于未能在稳定期找到新的增长动力导致系统开始衰退的时期。此时，新兴产业创新生态系统的创新能力开始减退，创新环境的恶化导致企业之间出现恶性竞争，创新主体之间的合作关系被打破，系统内的创新主体和创新资源开始向系统外流动，系统的规模开始缩减。系统内一部分创新主体会逐渐衰弱甚至死亡，还有一部分主体会脱离原有系统寻找新技术和新产品，拓展新的需求，从而形成全新的新兴产业创新生态系统。

新兴产业创新生态系统的演化是内外因素共同作用的结果。系统内部的创新种群之间，创新种群和创新环境之间相互影响和相互依赖。系统演化的根本原因是系统内部创新种群的改变进而导致创新环境的改变。系统外部对系统的演化也有影响，例如科学技术的进步引起的科技革命、宏观经济环境的变化、自然资源的变化等都会影响系统的发展。但本质上，系统外部也是通过作用于系统内部要素而起作用的。总之，新兴产业创新生态系统的演化是系统内部因素和系统外部因素共同作用的结果。

第三节　新兴产业创新生态系统的演化机制

达尔文的自然选择学说认为生物进化是遗传、变异和选择三种机制的共同作用。自然生态系统中，生物往往会为了生存而与其他生物以及生存环境做斗争。在复杂的生存条件的影响下，生物必然会发生变异。在这个过程中，一些生物的变异使得它们更适合在当前的环境中生存，便开始大量繁殖，并通过遗传将原始特性和变异遗传给下一代。与此相反，一些不适应当前环境的生物则逐渐减少，最终被淘汰。这种"适者生存，不适者被淘汰"的过程就是自然选择。演化经济学家将达尔文主义引入到社会经济的分析中来，认为社会经济的演化也可以用达尔文主义的遗传、变异和选择三种机制来解释。其中，经济社会中的惯例同生物基因类似，具有相对稳定性，可以通过模仿而被传递下来。同时，在经济社会的发展过程中，面对经济社会的复杂变化，一些惯例会发生改变以适应环境，并通过遗传机制扩散开来，而那些不适应当前经济社会环境的惯例则逐渐消失。新兴产业创新生态系统中也具有同生物基因类似的惯例，如创新知识、创新制度、创新行为、创新组织结构等，这些惯例随着系统内创新活动和创新环境的日益变化遵循着遗传、变异和选择的演化规律。因此，可以运用演化经济学的一般分析框架来分析新兴产业创新生态系统的演化。

一、新兴产业创新生态系统的遗传机制

新兴产业创新生态系统的遗传机制是指：系统中创新惯例（创新行为、策略、组织机构等）被其他创新主体或者创新组织模仿和学习，从而复制下来并最终形成系统整体创新惯例的过程。当新兴产业创新生态系统中某个创新主体或者创新组织依照某种创新惯例而成功实现创新并获得收益时，则会被其他创新主体和组织复制，并逐渐遍布于整个系统，被固定下来成为整个系统新的创新惯例。与此同时，一些不利于创新的惯例在这个过程中会被新的惯例所取代。新兴产业创新生态系统的演化过程也伴随着惯例的演化过程。在新兴产业创新生态系统的孕育期和成长期，创新惯例逐渐在创新种群和创新群落的互动中逐渐形成，并

在系统的成熟期被遗传下来，扩散到整个系统。随着系统的衰退，原有的创新惯例已经不适应系统的发展，系统则会搜寻新的创新惯例对原有惯例进行替代。通过分析可以发现，新兴产业创新生态系统的遗传机制是通过创新扩散来发挥作用的。如果缺乏创新扩散机制，创新就会被限制在系统内少数的创新主体中，无法产生溢出效应，遗传机制就无法发挥作用。

（一）创新扩散的影响因素

创新的扩散主要受到创新特性、创新扩散渠道和创新采纳者自身条件等因素的影响。

1. 创新特性

创新特性会影响创新扩散的速度，主要包括创新的相对优势、复杂性、可试验性、可观察性和相容性。创新的相对优势是指系统内其他主体能够感受到的创新为其带来优势的程度，而不是创新所具有的绝对优势。潜在采纳者们由于受到创新收益、满意程度、便利度等因素的影响，对创新优势的感知程度不同，当创新主体认为创新更具有优势时会采纳创新，创新扩散的速度也会加快。

创新的复杂性也会影响潜在采纳者对创新的接纳程度。当创新很复杂时，则对创新采纳者的学习能力提出较高的要求。一般的采纳者可能会因为学习创新的时间太长或者自身能力较弱而放弃对创新的采纳，而创新的采纳者也要经过反复的试错才能实现创新的扩散。总之，创新的复杂性和创新扩散速度呈反比。

创新的可试验性是指创新可能被试验的程度。潜在采纳者可能会由于担心采纳创新后所承担的风险而放弃创新。如果创新可以被试验，通过试验就可以了解创新被采纳时的真实情况，从而打消采纳者对创新的疑虑，创新的扩散速度则会加快。

创新的可观察性也会影响创新扩散的程度。当一项创新很容易被其他主体观察到，则创新很容易被扩散。例如，移动电话最开始被使用时，在公共场所可以很容易被其他潜在用户观察到，随着移动电话普及率的提升，潜在用户对其接受程度也会提升，从而促进移动电话的扩散。

相容性是指创新与现有的组织、制度、观念、潜在采纳者的需求具有一致性。一方面，相容性高的创新会更容易被潜在采纳者所把握；另一方面，相容性高的创新符合潜在采纳者当前所处的状况。因此，具有相容性的创新更容易被潜在采纳者所接受，创新的扩散速度也更快。

2. 创新扩散渠道

创新扩散渠道是指信息从一个创新主体向另一个创新主体传播的手段，是创新扩散的必要条件。创新扩散渠道是否畅通决定了创新的扩散速度和程度。创新扩散渠道主要包括大众传播、人际传播和科技中介机构传播。大众传播是指通过广播、电视、互联网等媒介对一般的创新信息进行传播，让只有少数创新主体了解的知识和信息被大多数创新主体接受；人际传播是指通过人与人面对面的交流进行创新信息的传播，通常教育背景相似、技术水平相近的个体之间更容易进行知识的交流；科技中介机构传播是新兴产业创新生态系统中的主要传播渠道，不同于大众传播只能传递一般的创新知识，科技中介机构通过科技企业孵化器、众创空间、生产力促进中心和技术评估和交易机构等科技中介机构对创新的专业知识进行及时、准确的传播。

3. 创新采纳者自身条件

创新采纳者自身条件也影响创新在新兴产业创新生态系统内的传播。一般来说，最早接纳创新的往往是具有冒险精神且实力雄厚的创新主体。冒险精神决定了其容易接受新事物，而实力雄厚让其能够承担创新失败所带来的风险，故这类潜在创新采纳者有利于创新的传播。与之相反，一些风险偏好低且实力较弱的创新主体总会深思熟虑地衡量创新带来的收益和风险，甚至一些墨守成规的主体会为了规避风险而放弃创新，这都延缓了创新的传播速度。另外，创新采纳者的技能水平和学习能力也决定了对创新信息吸收、转化的能力，技能水平高、学习能力强的主体通常会更倾向于接受创新。

（二）创新扩散的过程

罗杰斯认为创新扩散的过程符合"S"型曲线，如图 6-1 所示。在创新扩散的初期，创新采纳者较少，创新扩散的速度也比较慢；当潜在创新者观察到早期创新者的创新行为时，会逐渐转变为创新采纳者，创新扩散的速度会逐渐加快，创新扩散进入"起飞期"；随着创新采纳者的增多且逐渐接近环境能够承受的最大承载量时，创新扩散的速度会逐渐减慢，并趋于稳定，创新扩散进入平稳期。

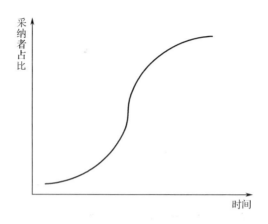

图 6-1　创新扩散过程

（三）Bass 模型

Frank M. Bass 在前人对创新扩散研究的基础上，提出了著名的 Bass 模型。基于罗杰斯对创新采纳者的分类，他将创新采纳者分为两类：一类是创新者，即仅受到大众传媒的影响而最先创新的群体；另一类是模仿者，即受到前期采纳者和周围环境影响的群体。Bass 模型的基本形式为：

$$\frac{\mathrm{d}N(t)}{\mathrm{d}t} = P[M - N(t)] + Q\frac{N(t)}{M}[M - N(t)] \qquad （6\text{-}1）$$

其中，$N(t)$ 表示在 t 时刻创新采纳者的累计数量；M 表示潜在创新采纳者数量；P 表示创新系数；$P[M-N(t)]$ 表示创新者的数量；Q 表示模仿系数；$Q\frac{N(t)}{M}[M-N(t)]$ 表示模仿者的数量。上述方程可以变形为：

$$\frac{\mathrm{d}N(t)}{\mathrm{d}t} = -\frac{Q}{M}[N(t) - M]\left[N(t) + \frac{PM}{Q}\right] \qquad （6\text{-}2）$$

$$\frac{\dfrac{\mathrm{d}N(t)}{\mathrm{d}t}}{[N(t) - M]\left[N(t) + \dfrac{PM}{Q}\right]} = -\frac{Q}{M}\mathrm{d}t \qquad （6\text{-}3）$$

$$\frac{\left\{\left[N(t)+\dfrac{PM}{Q}\right]-[N(t)-M]\right\}dN(t)}{[N(t)-M]\left[N(t)+\dfrac{PM}{Q}\right]}=-(P+Q)dt \qquad （6\text{-}4）$$

$$\frac{dN(t)}{[N(t)-M]}-\frac{dN(t)}{\left[N(t)+\dfrac{PM}{Q}\right]}=-(P+Q)dt \qquad （6\text{-}5）$$

求式（6-5）积分可得：

$$\frac{[N(t)-M]}{\left[N(t)+\dfrac{PM}{Q}\right]}=Ce^{-(P+Q)t} \qquad （6\text{-}6）$$

由于在 $t=0$ 时，累积采用者的数量为零，即 $N(0)=0$，则可求得：

$$N(t)=M\left[\frac{1-e^{-(P+Q)t}}{1+\dfrac{Q}{p}e^{-(P+Q)t}}\right] \qquad （6\text{-}7）$$

通过对模型中 P、Q、M 进行参数估计，可以预测未来新产品或新技术的扩散程度。

（四）创新扩散模型实例

互联网产业是典型的新兴产业，互联网技术对其他产业的发展也具有极强的推动作用，"互联网+"已经成为我国经济增长的重要引擎。其中，随着传输、交换和接入等技术的进步，宽带网络的速度和普及率也在逐步提升，宽带网络在互联网产业的发展过程中担任了重要的角色。本书采用 Bass 扩散模型来模拟宽带网络的扩散过程，并对其未来市场规模进行预测，为新兴产业创新生态系统中的创新扩散路径做出更为直观的解释。

1. 数据选取

根据基础 Bass 模型的要求，本书选择 2002～2019 年我国互联网宽带接入用户数（数据全部来源于国家统计局网站）对宽带网络的扩散路径进行分析，如表 6-1 所示。

表 6-1 我国互联网宽带接入用户数（2002～2019 年）

单位：万户

年份	2002 年	2003 年	2004 年	2005 年	2006 年	2007 年
互联网宽带接入用户数	325.3	1115.1	2487.5	3735	5085.31	6641.4
年份	2008 年	2009 年	2010 年	2011 年	2012 年	2013 年
互联网宽带接入用户数	8287.9	10 397.8	12 629.1	15 000.1	17 518.3	18 890.9
年份	2014 年	2015 年	2016 年	2017 年	2018 年	2019 年
互联网宽带接入用户数	20 048.34	25 946.57	29 720.65	34 854.01	40 738.15	44 928

2. 模型参数估计与拟合优度分析

根据上面所选数据，利用 stata 软件中的最小二乘法对 Bass 模型的参数进行估计，得到参数的估计值为 $M=203\,345.842\,1$，$P=0.004\,091\,55$，$Q=0.141$，模型通过显著性检验。根据 Bass 模型起始数据要大于 $PM=832$ 的要求，故选择 2002 年对应时间 $t=0$，2003 年对应时间 $t=1$，对数据进行重新整理，t_n 对应的互联网宽带接入用户累计数如表 6-2 所示。

表 6-2 互联网宽带接入用户累计数

单位：万户

时间	0	1	2	3	4	5
互联网宽带接入用户数	325.3	1115.1	2487.5	3735	5085.31	6641.4
年份	6	7	8	9	10	11
互联网宽带接入用户数	8287.9	10 397.8	12 629.1	15 000.1	17 518.3	18 890.9
年份	12	13	14	15	16	17
互联网宽带接入用户数	20 048.34	25 946.57	29 720.65	34 854.01	40 738.15	44 928

将 Bass 模型的参数估计值代入到式（6-7）中，其中 $t=1,2,\cdots,n$，可以得到互联网宽带接入用户累计数的估计值，如表 6-3 所示。

表 6-3 互联网宽带接入用户累计数的估计值

单位：万户

时间	1	2	3	4	5	6
互联网宽带接入累积用户数	890.97	1911.45	3078.61	4411.33	5930.29	7657.83

续表

时间	7	8	9	10	11	12
互联网宽带接入累积用户数	9617.88	11 835.68	14 337.36	17 149.49	20 298.23	23 808.50
时间	13	14	15	16	17	—
互联网宽带接入累积用户数	27 702.76	31 999.73	36 712.85	41 848.72	47 405.55	—

对互联网宽带接入用户累计数量实际值与估计值进行曲线拟合，结果如图 6-2 所示。从拟合曲线来看，实际值与估计值非常接近。

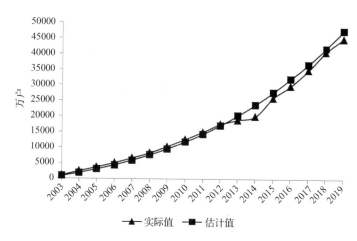

图 6-2　互联网宽带接入用户累计数量实际值与估计值拟合曲线

互联网宽带接入用户累计数量实际值与估计值的误差分析如表 6-4 所示。实际值与估计值之间的平均误差百分比为 9.81%，说明拟合精度较高。

3. 数据预测

根据 Bass 模型的估计结果，可以预测 2020～2025 年我国互联网宽带接入用户数，如表 6-5 所示。

根据预测数据可知，我国互联网宽带接入用户数在未来六年还会保持增长，但增速有所减缓，如图 6-3 所示。这是因为互联网行业创新生态系统逐渐趋于稳定，技术创新的能量逐步释放，技术扩散也进入稳定期，但目前互联网宽带接入用户数规模仍然具有很大的发展潜力。

表 6-4　实际值与估计值误差分析

年份	2003 年	2004 年	2005 年	2006 年	2007 年	2008 年
实际值	1115.1	2487.5	3735	5085.31	6641.4	8287.9
估计值	890.97	1911.45	3078.61	4411.33	5930.29	7657.83
误差百分比（%）	20.10%	23.16%	17.57%	13.25%	10.71%	7.60%
年份	2009 年	2010 年	2011 年	2012 年	2013 年	2014 年
实际值	10 397.8	12 629.1	15 000.1	17 518.3	18 890.9	20 048.34
估计值	9617.88	11 835.68	14 337.36	17 149.49	20 298.23	23 808.50
误差百分比（%）	7.50%	6.28%	4.42%	2.11%	7.45%	18.76%
年份	2015 年	2016 年	2017 年	2018 年	2019 年	-
实际值	25 946.57	29 720.65	34 854.01	40 738.15	44 928	-
估计值	27 702.76	31 999.73	36 712.85	41 848.72	47 405.55	-
误差百分比（%）	6.77%	7.67%	5.33%	2.73%	5.51%	-

表 6-5　我国互联网宽带接入用户数预测值（2020～2025 年）

单位：万户

年份	2020	2021	2022	2023	2024	2025
互联网宽带接入用户数	53 371.69	59 724.53	66 429.85	73 441.77	80 703.44	88 148.52

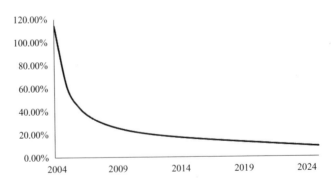

图 6-3　我国互联网宽带接入用户数预测值增速

二、新兴产业创新生态系统的变异机制

新兴产业创新生态系统的变异机制是系统演化的燃料，如果没有变异机制，则不存在系统演化。新兴产业创新生态系统的变异是通过系统内的创新活动来实现的。由于创新行为具有极大的不确定性，创新主体无法事先预测创新的结果，故无法采取最优的策略，只能通过不断试错来完成创新。若以往的创新惯例能一直保证创新的成功，则创新主体会坚持原有惯例，如果创新失败则会促使创新主体去寻找新的惯例。在对创新惯例的不断搜寻、试错和改正的过程中，新兴产业创新生态系统得以向更高级的系统演化。因此，新兴产业创新生态系统的演化事实上也是一个适应性学习的过程，具体包括惯例搜寻和新惯例发现的过程。

（一）惯例搜寻

创新主体在以往的学习过程中会形成创新积累，创新成功的惯例会不断地被吸收形成"惯例库"。创新主体在选择某一种惯例并获得了满意的收益后，下次再遇到相同的情况时，创新主体再次采用这一惯例的可能性就会增大，即惯例的自我复制。换言之，那些能够让创新主体获得满意收益的惯例会不断被强化，在以后的创新中被采纳的概率会不断增加。反之，那些不能够使创新主体满意的惯例会逐渐被弱化，直到最终被淘汰。这种在创新主体内部"惯例库"中进行的惯例搜寻称为本地搜寻。

新兴产业创新生态系统中的创新主体之间往往不是孤立的。在他们的交流过程中，如果创新主体发现了更适合目前状况的惯例，就会试图通过模仿和学习利用新的惯例来支配创新主体的行动，这种从外部进行惯例搜索的过程称为全局搜寻。全局搜寻需要具备一定的条件：一是创新主体自身的条件要与新的惯例契合；二是合作的创新主体之间在学习能力、技术水平等方面的差距不能太大。

（二）新惯例发现

当环境发生变化时，若当前的惯例无法让创新主体获得满意收益，创新主体就会要求有新惯例产生。这时，创新主体就会通过本地搜寻和

全局搜寻寻找新惯例，直到某一惯例能够让创新主体获得满意收益。上述过程就是新惯例的发现过程。

适应性学习是在惯例不断变化的过程中实现的，而惯例变化是在惯例搜寻和新惯例发现的过程中完成的，如图 6-4 所示。

图 6-4　适应性学习过程

三、新兴产业创新生态系统的选择机制

（一）新兴产业创新生态系统的环境选择

达尔文认为生物进化是自然选择的结果：生物在繁殖的过程中会发生可遗传的变异，能够适应环境的生物就会留下来，而不适应环境的生物就会被淘汰，经过一代又一代的选择过程，生物实现了进化。达尔文主义的生物进化是一种被动选择的结果。新兴产业创新生态系统的演化同生物进化类似，要不断地接受经济社会环境的选择。新兴产业创新生态系统在演化的过程中可能会发生"变异"，当这种"变异"能够促进新兴产业创新生态系统创新能力的提升并适应当前经济社会的发展需求时，便会被保留下来；反之，这种"变异"则会被淘汰掉。通过环境的反复选择，那些有利"变异"会逐渐被固定下来，最终形成创新能力强、运行效率高的新兴产业创新生态系统。拉马克主义认为当社会经济所处的环境发生变化时，个体会为了适应环境而发生"变异"，最终完成个体的演化。不同于达尔文主义的被动适应，拉马克的演化过程是个体主动且有目的地适应环境的过程。新兴产业创新生态系统的演化过程也是系统主动适应环境的过程，当系统所处的环境发生变化时，系统会通过学习产生适应环境的"变异"，促使系统从一种状态演化到另一种状态。新兴产业创新生态系统演化的选择机制同时包括达尔文主义的被

动选择和拉马克主义的主动适应，新兴产业创新生态系统在系统和环境的互相适应中不断地进行演化。

（二）新兴产业创新生态系统的适应性策略

新兴产业创新生态系统面对环境的不确定性，为了增强自身对环境的适应能力，系统内的创新主体会不断调整自身的行为和相互之间的关系，从而使整个系统实现一种稳定上升的状态。

1. 企业竞争策略

新兴产业创新生态系统内的创新资源由于时间和空间分布不均匀而具有相对稀缺性，系统形成初期，企业为了提升创新能力和获得竞争优势主要采取对抗性的竞争策略。一些实力雄厚的优势企业往往会获取其他企业所不具备的创新资源优势，从而形成其在某一创新领域的垄断地位，而一些小型企业为了能够生存，会采取低价竞争的策略。随着新兴产业创新生态系统的发展，系统内的创新主体通过学习掌握相似的惯例，同质性的新技术和新产品大量出现，企业的垄断地位会很快消失。另外，低价竞争企业由于长期无法获得利润必然会缩减创新投入，由于仅靠降低价格获得的竞争优势无法实现企业的持续发展，企业会放弃低价竞争策略。最终，企业发现对抗性竞争是一种不理智的行为，企图消除竞争者而独占市场是不经济也是不可能实现的。企业会逐渐从对抗性的竞争策略转变为宽容性的竞争策略。

长期来看，新兴产业创新生态系统中的市场更接近于完全竞争市场。企业想要在众多相似企业中获得优势，就必须在技术、产品上进行创新，形成与同类产品不同的特征。例如，在众多的社交应用软件中，腾讯微信的定位是通信工具，微博的定位是网络媒体平台，二者本质上都是社交工具，但是由于其侧重点不同使得各自具有竞争优势。从生态位的角度来看，生态位重叠的企业之间会发生对抗性的竞争，而采取差异化策略的企业生态位会变窄，进而企业之间的生态位逐渐分离，最终实现企业之间的宽容性竞争。差异化的宽容性竞争策略一方面促进企业自身在技术和产品上的创新，另一方面也刺激了其他企业的创新动力，从而提高整个系统的创新能力和适应能力，促进系统向高级演化。

2. 企业合作策略

新兴产业创新生态系统内，任何一个企业拥有的资源都是有限的，而单个创新主体的优势只是局部的，无法满足企业在创新方面的资源需求，只有通过企业与企业之间的合作，才能使企业的局部优势转变为全面优势。因此，企业为了获得全面的创新资源，会将自己的优势资源与其他企业的优势资源进行整合，从而弥补自身的局限性。所以，在新兴产业创新生态系统中，企业之间的关系是竞争与合作共存的关系。从博弈论的角度看，企业之间是非零和的合作博弈，企业之间的合作是一个不断调整的动态过程。本书将采用单群体对称演化博弈模型来研究企业之间合作的演化博弈行为。

（1）二维对称博弈的复制动态方程和演化稳定策略

复制动态方程和演化稳定策略是演化博弈论中的基本概念，下面用 2×2 对称博弈为例来推演复制动态方程和演化稳定策略。

经典 2×2 对称演化博弈的收益矩阵如表 6-6 所示。

表 6-6　2×2 对称博弈对称演化博弈的收益矩阵

对称博弈		参与者 2	
		策略 A	策略 B
参与者 1	策略 A	a, a	b, c
	策略 B	c, b	d, d

其中，如果参与者 1 和参与者 2 均采取策略 A，则他们的收益为（a, a）；如果参与者 1 选择策略 A，参与者 2 选择策略 B，则他们的收益为（b, c）；如果参与者 1 选择策略 B，参与者 2 选择策略 A，则他们的收益为（c, b）；如果参与者 1 和参与者 2 均采取策略 B，则他们的收益为（d, d）。

假设在有限群体中，不同的个体之间进行随机两两配对进行博弈。其中，选择策略 A 的个体所占群体总数的比重为 x，选择策略 B 的个体所占群体总数的比重为（$1-x$），则选择策略 A 和选择策略 B 的平均收益分别为：

$$U_1 = xa + (1-x)b \qquad (6-8)$$

$$U_2 = xc + (1-x)d \qquad (6\text{-}9)$$

可得群体的平均收益为：

$$\bar{U} = xU_1 + (1-x)U_2 \qquad (6\text{-}10)$$

因此，可以得到采取策略 A 的博弈方的复制动态方程：

$$F(x) = \frac{\mathrm{d}x}{\mathrm{d}t} = x(U_1 - \bar{U}) = x(1-x)[x(a-c) + (1-x)(b-d)]$$

$$F(x) = x(1-x)[b-d+x(a-c-b+d)] \qquad (6\text{-}11)$$

令 $F(x)=0$，则可得该方程的三个解分别为：

$$x_1 = 0,\quad x_2 = 1,\quad x_3 = \frac{d-b}{a-c-b+d}$$

根据稳定性判定条件，当 $F'(x)<0$ 时，该解是演化稳定策略。

（2）演化博弈模型的收益函数与基本假设

新兴产业创新生态系统中根据企业规模的不同可以分为两种不同的协同创新模式：一种是规模相近的企业间合作；另一种是规模相差较大的企业间合作。本书为了研究方便，仅考虑规模相近的两个企业合作的演化博弈。如果企业间进行合作，则可能获得 R 的收益，同时需要支付的成本为 C。创新活动具有很高的风险性，因此，企业进行协同创新还会承担一定的风险，用风险系数 r 来表示。参与博弈企业的收益函数为：

$$U = rR - C \qquad (6\text{-}12)$$

模型的基本假设为：

① 参与博弈的企业是有限理性的，即企业不会获得完全理性情况下的最优策略，而是在与其他企业博弈过程中反复试错和学习，选择最终的策略。

② 新兴产业创新生态系统中的企业是随机配对进行博弈的。

③ 企业的策略分为合作创新和不合作两种。

④ 企业的收益仅与选择的策略有关而和参与博弈的选手无关。

（3）企业之间合作演化的博弈分析

新兴产业创新生态系统中企业对称演化博弈的收益矩阵如表 6-7 所示。

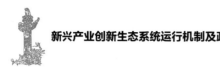

表 6-7　企业对称演化博弈的收益矩阵

企业对称演化博弈		企业 2	
		合作	不合作
企业 1	合作	$rR/2-C$，$rR/2-C$	$rR-C$，0
	不合作	0，$rR-C$	0，0

其中，如果企业 1 和企业 2 均选择合作，则他们的收益为（$rR/2-C$，$rR/2-C$）；如果企业 1 和企业 2 中有一个选择合作，另一个选择不合作，那么他们的收益为（$rR-C$，0）或者（0，$rR-C$）；如果企业 1 和企业 2 均选择不合作，则他们的收益为（0，0）。

假设在新兴产业创新生态系统的企业种群中，选择与其他企业进行协同创新的企业占比为 x，则选择不与其他企业进行合作而自主创新的企业占比为（$1-x$）。

2×2 对称博弈复制动态方程的一般公式为式（6-11）：

$$F(x) = x(1-x)[b-d+x(a-c-b+d)]$$

将 $a=rR/2-C$，$b=rR-C$，$c=0$，$d=0$ 代入式（6-11）中可得企业采用"合作"策略的复制动态方程：

$$F(x) = x(1-x)\left[rR-C-\frac{rR}{2}x\right] \tag{6-13}$$

令 $F(x)=0$，可得方程的均衡解：

$$x_1' = 0, \quad x_2' = 1, \quad x_3' = 2\left(1-\frac{C}{rR}\right)$$

$$F'(x) = rR-c+(2c-3rR)x+\frac{3rR}{2}x^2 \tag{6-14}$$

将上述三个奇点代入式（6-14）中，可以得出每个奇点的稳定条件。

① $x_1' = 0$

$$F'(0) = rR-C$$

按照稳定性判定条件，该点的稳定条件为：

$$F'(0) < 0，\text{即 } R < C/r$$

此时，$x_3' < 0$，$F'(1) > 0$，故 $x_1' = 0$ 是演化博弈的演化稳定性策略。

② $x_2' = 1$

$$F'(1) = C-\frac{rR}{2}$$

按照稳定性判定条件，该点的稳定条件为：

$$F'(1) < 0，即 R > 2C/r$$

此时，$x'_3 > 1$，$F'(1) > 0$，故 $x'_2 = 1$ 是演化博弈的演化稳定性策略。

③ $x'_3 = 2\left(1 - \dfrac{C}{rR}\right)$

$$F'\left(2\left(1 - \frac{C}{rR}\right)\right) = \frac{r^2R^2 - 3cR + 2C^2}{rR}$$

按照稳定性判定条件，该点的稳定条件为：

$$F'\left(2\left(1 - \frac{C}{rR}\right)\right) < 0，即 C/r < R < 2C/r$$

此时，$F'(0) > 0$，$F'(1) > 0$，故 $x'_3 = 2\left(1 - \dfrac{C}{rR}\right)$ 是演化博弈的演化稳定性策略。

综上，当企业合作进行协同创新时所获得的收益 R 小于所需要支付的成本 C 与需要承担的风险 r 的比值时，企业都会选择"不合作"的策略；当企业合作进行协同创新时所获得的收益 R 大于所需要支付的成本 C 的 2 倍与需要承担的风险 r 的比值时，企业都会选择"合作"的策略；当企业合作进行协同创新时所获得的收益 R 小于所需要支付的成本 C 的 2 倍与需要承担的风险 r 的比值，且大于所需要支付的成本 C 与需要承担的风险 r 的比值时，有 $2\left(1 - \dfrac{C}{rR}\right)$ 比例的企业选择"合作"策略，有 $\left(\dfrac{2C}{rR} - 1\right)$ 比例的企业选择"不合作"的策略。

（4）结论

通过分析企业之间合作的演化博弈，可以得出以下结论：

① 企业会根据协同创新所需要支付的成本和面临的风险来调整策略。创新需要支付的成本和风险越小时，企业选择"合作"策略的可能性越大。在新兴产业创新生态系统中，科技中介机构的出现为企业之间的合作搭建了桥梁，减少了企业的交易成本，并能够为企业提供市场信息，降低企业创新的不确定性和风险。另外，各类金融机构还能为企业提供风险投资等金融服务，也减少了企业的风险。因此，企业之间合作的概率会随着新兴产业创新生态系统的结构和功能的完善而增加。

② 企业之间进行合作创新所获得的收益越大，企业越倾向于选择

合作。从情况①可以看出，当企业创新所获得的收益小于成本与风险系数的比值时，参与博弈的双方都不会选择合作。随着能够获得的收益逐渐增加，选择合作的企业的占比也随之增加，直到企业合作创新的收益大于需要支付成本的 2 倍与风险系数的比值时，所有企业都会选择合作的策略。因此，企业之间的合作也是一个演化的过程。

3. 产学研协同策略

（1）二维非对称博弈的复制动态和演化稳定策略

非对称博弈是指在不同的群体中随机抽取某一个体来进行非对称博弈，参与博弈的一方仍然在本群体中进行策略模仿和学习，且采用复制动态作为调整策略的方式。如表 6-8 所示为 2×2 非对称演化博弈的收益矩阵。

表 6-8　2×2 非对称演化博弈的收益矩阵

非对称演化博弈		参与者 2	
		策略 A	策略 B
参与者 1	策略 A	a_{11}，b_{11}	a_{12}，b_{12}
	策略 B	a_{21}，b_{21}	a_{22}，b_{22}

假设在群体 1 中，选择策略 A 的个体所占群体总数的比重为 x，选择策略 B 的个体所占群体总数的比重为（$1-x$）；在群体 2 中，选择策略 A 的个体所占群体总数的比重为 y，选择策略 B 的个体所占群体总数的比重为（$1-y$）。参与者 1 选择策略 A 和策略 B 的平均收益分为：

$$U_{1A}=ya_{11}+(1-y)a_{21} \tag{6-15}$$

$$U_{1B}=ya_{12}+(1-y)a_{22} \tag{6-16}$$

可得群体 1 的平均收益为：

$$\overline{U}_1 = xU_{1A} +(1-x)U_{1B} \tag{6-17}$$

可以得到采取策略 A 的参与者 1 的复制动态方程：

$$F(x) = \frac{\mathrm{d}x}{\mathrm{d}t} = x(U_{1A} - \overline{U}_1)$$

$$= x(1-x)[a_{12} - a_{22} + y(a_{11} - a_{12} - a_{21} + a_{22})] \tag{6-18}$$

参与者 2 选择策略 A 和策略 B 的平均收益分为：

$$U_{2A}=xb_{11}+(1-x)b_{21} \qquad (6\text{-}19)$$

$$U_{2B}=xb_{12}+(1-x)b_{22} \qquad (6\text{-}20)$$

可得群体 1 的平均收益为：

$$\overline{U}_2 = yU_{2A} + (1-y)U_{2B} \qquad (6\text{-}21)$$

可以得到采取策略 A 的参与者 2 的复制动态方程：

$$F(y) = \frac{\mathrm{d}y}{\mathrm{d}t} = y(U_{2A} - \overline{U}_2)$$

$$= y(1-y)[b_{21} - b_{22} + x(b_{11} - b_{21} - b_{12} + b_{22})] \qquad (6\text{-}22)$$

非对称博弈的分析框架：首先，分别分析采取策略 A 的参与者 1 和采取策略 A 的参与者 2 的复制动态方程；之后，以群体 1 和群体 2 采取策略 A 的比例 x 和 y 为坐标，建立二维平面图来分析两个群体采取策略 A 的复制动态关系，最终得出两群体非对称演化博弈的稳定策略。

（2）演化博弈模型的收益函数与基本假设

假设企业与高校、科研机构合作所能够产生增值收益为 ΔR，其中企业能够获得的增值收益为 $\alpha \Delta R$，高校和科研机构能够获得的增值收益为（$1-\alpha$）ΔR。此外，企业和高校、科研机构协同创新所需要支出的成本分别为 C_1 和 C_2，同时需要承担由于外部环境的不确定给创新带来的风险为 rC_1 和 rC_2。另外，如果合作的一方中途违约则需要支付违约金 $q\Delta R$，且需要承担违约所付出的成本 C_1' 和 C_2'，其中 q 为惩罚系数，取值在 $0 \sim 1$ 之间，且 $C_1' < C_1$，$C_2' < C_2$。

模型的基本假设为：

① 参与博弈的企业、高校或科研机构均是有限理性的。

② 假设新兴产业创新生态系统的企业种群和高校种群或科研机构种群进行博弈，参与博弈的双方的策略均为合作和不合作两种。

③ 新兴产业创新生态系统中参与博弈的企业和高校或科研结构都是从各自种群中随机选择进行博弈的。

④ 假设企业与高校、科研机构协同创新的收益大于不合作的收益。

⑤ 假设高校和科研机构没有将创新成果产业化的能力。

（3）产学研合作演化的博弈分析

如表 6-9 所示为新兴产业创新生态系统中产学研合作非对称演化博弈的收益矩阵。

表 6-9　产学研合作非对称演化博弈的收益矩阵

		高校/科研机构	
		合作	不合作
企业	合作	$\alpha\Delta R-C_1-rC_1,$ $(1-\alpha)\Delta R-C_2-rC_2$	$q\Delta R-C_1,$ $-q\Delta R-C_2'$
	不合作	$-q\Delta R-C_1',$ $q\Delta R-C_2$	0，0

　　假设在企业种群中，选择"合作"策略的企业所占种群总数的比重为 x，选择"不合作"策略的企业所占种群总数的比重为（$1-x$）；在高校和科研院所中，选择"合作"策略的高校和科研机构所占种群的比重为 y，选择"不合作"策略的高校和科研机构所占种群总数的比重为（$1-y$）。企业选择"合作"策略和"不合作"策略的平均收益以及企业种群的平均收益分别为 U_1、U_2 和 $\bar{U}$。高校和科研机构选择"合作"策略和"不合作"策略的平均收益以及高校和科研机构种群的平均收益分别为 U_1'、U_2' 和 $\bar{U}$。将 $a_{11}=\alpha\Delta R-C_1-rC_1$，$b_{11}=(1-\alpha\Delta)R-C_2-rC_2$，$a_{12}=q\Delta R-C_1$，$b_{12}=-q\Delta R-C_2$，$a_{21}=-q\Delta R-C_1'$，$b_{21}=q\Delta R-C_2$，$a_{22}=0$，$b_{22}=0$，代入复制动态方程式（6-18）和式（6-22）中，可得：

　　企业选择"合作"策略的复制动态方程为

$$F(x)=\frac{\mathrm{d}x}{\mathrm{d}t}=x(1-x)[a_{12}-a_{22}+y(a_{11}-a_{12}-a_{21}+a_{22})]$$
$$=x(1-x)[q\Delta R-C_1+y(\alpha\Delta R-rC_1+C_1')] \tag{6-23}$$

　　高校和科研机构选择"合作"策略的复制动态方程为

$$F(y)=\frac{\mathrm{d}y}{\mathrm{d}t}=y(1-y)[b_{21}-b_{22}+x(b_{11}-b_{21}-b_{12}+b_{22})]$$
$$=y(1-y)\{q\Delta R-C_2+x[(1-\alpha)\Delta R-rC_2+C_2']\} \tag{6-24}$$

　　微分方程式（6-23）和式（6-24）的平衡点为 O（0，0），A（0，1），B（1，0），C（1，1），D（$\dfrac{C_2-q\Delta R}{(1-\alpha)\Delta R-rC_2+C_2'}$，$\dfrac{C_1-q\Delta R}{\alpha\Delta R-rC_1+C_1'}$）。

　　利用雅克比矩阵来判断上述五个均衡点是否为演化稳定策略：如果平衡点所对应的雅克比矩阵行列式大于 0，且迹小于 0 时，则该平衡点为系统的演化稳定策略。上述演化模型的雅克比矩阵为：

$$J = \begin{bmatrix} \partial F(x)/\partial x & \partial F(x)/\partial y \\ \partial F(y)/\partial x & \partial F(y)/\partial y \end{bmatrix}$$

$$= \begin{bmatrix} (1-2x)[q\Delta R - C_1 + y(\alpha\Delta R - rC_1 + C_1')] & x(1-x)(\alpha\Delta R - rC_1 + C_1') \\ y(1-y)[(1-\alpha)\Delta R - rC_2 + C_2'] & (1-2y)\{q\Delta R - C_2 + x[(1-\alpha)\Delta R - rC_2 + C_2']\} \end{bmatrix}$$

可得雅克比矩阵的行列式和迹分别为：

$$\det J = (1-2x)[q\Delta R - C_1 + y(\alpha\Delta R - rC_1 + C_1')](1-2y)\{q\Delta R - C_2 + x[(1-\alpha)\Delta R - rC_2 + C_2']\} - y(1-y)[(1-\alpha)\Delta R - rC_2 + C_2']x(1-x)(\alpha\Delta R - rC_1 + C_1') \quad (6-25)$$

$$\mathrm{tr} J = (1-2x)[q\Delta R - C_1 + y(\alpha\Delta R - rC_1 + C_1')] + (1-2y)\{q\Delta R - C_2 + x[(1-\alpha)\Delta R - rC_2 + C_2']\} \quad (6-26)$$

将平衡点 $O(0,0)$，$A(0,1)$，$B(1,0)$，$C(1,1)$，$D\left(\dfrac{C_2 - q\Delta R}{(1-\alpha)\Delta R - rC_2 + C_2'}\right.$，

$\left.\dfrac{C_1 - q\Delta R}{\alpha\Delta R - rC_1 + C_1'}\right)$ 分别代入式（6-25）和式（6-26）中，可得到如表 6-10 所示的结果。

表 6-10　不同均衡点对应的雅克比矩阵的行列式和迹

平衡点	行列式	迹
$O(0,0)$	$(q\Delta R - C_1)(q\Delta R - C_2)$	$q\Delta R - C_1 + q\Delta R - C_2$
$A(0,1)$	$-(q\Delta R - C_1 + \alpha\Delta R - rC_1 + C_1')(q\Delta R - C_2)$	$\alpha\Delta R - rC_1 + C_1' - C_1 + C_2$
$B(1,0)$	$-[q\Delta R - C_2 + (1-\alpha)\Delta R - rC_2 + C_2'](q\Delta R - C_2)$	$(1-\alpha)\Delta R - rC_2 + C_2' + C_1 - C_2$
$C(1,1)$	$(q\Delta R - C_1 + \alpha\Delta R - rC_1 + C_1')$ $[q\Delta R - C_2 + (1-\alpha)\Delta R - rC_2 + C_2']$	$-[q\Delta R - C_1 + \alpha\Delta R - rC_1 + C_1' + q\Delta R - C_2 + (1-\alpha)\Delta R - rC_2 + C_2']$
$D(x,y)$	$-(C_1 - q\Delta R)(C_1 - q\Delta R)\left[\dfrac{(C_1 - q\Delta R)}{\alpha\Delta R - rC_1 + C_1'} - 1\right]$ $\left[\dfrac{(C_2 - q\Delta R)}{(1-\alpha)\Delta R - rC_2 + C_2'} - 1\right]$	0

已知：$\alpha\Delta R - rC_1 + C_1' > 0$，$(1-\alpha)\Delta R - rC_2 + C_2' > 0$。下面分情况对平衡点进行讨论：

① 当 $q\Delta R > \max\{C_1, C_2\}$ 时，演化稳定性分析的结果如表 6-11 所示。

表 6-11　局部稳定分析结果

平衡点	行列式符号	迹符号	结　　果
$O(0,0)$	+	+	不稳定点

续表

平衡点	行列式符号	迹符号	结 果
A（0,1）	−	+/−	鞍点
B（1,0）	−	+/−	鞍点
C（1,1）	+	−	ESS

这种情况下，企业与高校、科研机构的演化博弈过程中有 O（0,0），A（0,1），B（1,0），C（1,1）四个平衡点。其中，只有 C（1,1）点是局部渐进稳定的，此时演化稳定策略为（合作，合作）。根据条件 $q\Delta R > \max\{C_1,C_2\}$ 可知，当某一方选择违约所承担的违约金大于合作创新所需要支付的成本时，企业和高校、科研机构会选择进行合作。

② 当 $C_1 > q\Delta R > C_2$ 时，分两种情况分析演化稳定性，分析结果如表 6-12 所示。

表 6-12 局部稳定分析结果

平衡点	$\alpha\Delta R - rC_1 + C_1' > C_1 - q\Delta R$			$\alpha\Delta R - rC_1 + C_1' < C_1 - q\Delta R$		
	行列式符号	迹符号	结果	行列式符号	迹符号	结果
O（0,0）	−	+/−	鞍点	−	+/−	鞍点
A（0,1）	−	+/−	鞍点	+	−	ESS
B（1,0）	+	+	不稳定点	+	+	不稳定点
C（1,1）	+	−	ESS	−	+/−	鞍点

这种情况下，企业与高校、科研机构的演化博弈过程中有 O（0,0），A（0,1），B（1,0），C（1,1）四个平衡点。当 $\alpha\Delta R - rC_1 + C_1' > C_1 - q\Delta R$ 时，C（1,1）点是局部渐进稳定的，此时演化稳定策略为（合作，合作）；当 $\alpha\Delta R - rC_1 + C_1' < C_1 - q\Delta R$ 时，A（0,1）点是局部渐进稳定的，此时稳定策略为（不合作，合作）。根据条件 $C_1 > q\Delta R > C_2$ 可知，当某一方选择违约所承担的违约金大于高校和科研机构需要支付的创新成本，但小于企业需要支付的创新成本时，协同创新所获得的增值收益

$$\Delta R > \frac{(1+r)c_1 + q\Delta R - C_1'}{\alpha}，$$ 企业和高校、科研机构会选择进行合作；反之，

如果 $\Delta R > \dfrac{(1+r)c_1 + q\Delta R - C_1'}{\alpha}$，高校和科研机构会选择合作，而企业会选择不合作。

③ 当 $C_2 > q\Delta R > C_1$ 时，分两种情况分析演化稳定性，分析结果如表 6-13 所示。

表 6-13 局部稳定分析结果

平衡点	$(1-\alpha)\Delta R - rC_2 + C_2' > C_2 - q\Delta R$			$(1-\alpha)\Delta R - rC_2 + C_2' < C_2 - q\Delta R$		
	行列式符号	迹符号	结果	行列式符号	迹符号	结果
$O(0,0)$	-	+/-	鞍点	-	+/-	鞍点
$A(0,1)$	+	+	不稳定点	+	+	不稳定点
$B(1,0)$	-	+/-	鞍点	+	-	ESS
$C(1,1)$	+	-	ESS	-	+/-	鞍点

这种情况下，企业与高校、科研机构的演化博弈过程中有 $O(0,0)$，$A(0,1)$，$B(1,0)$，$C(1,1)$ 四个平衡点。当 $(1-\alpha)\Delta R - rC_2 + C_2' > C_2 - q\Delta R$ 时，$C(1,1)$ 点是局部渐进稳定的，此时演化稳定策略为（合作，合作）；当 $(1-\alpha)\Delta R - rC_2 + C_2' > C_2 - q\Delta R$ 时，$B(1,0)$ 点是局部渐进稳定的，此时演化稳定策略为（合作，不合作）。根据条件 $C_2 > q\Delta R > C_2$ 可知，当某一方选择违约所承担的违约金大于企业需要支付的创新成本，但小于高校和科研机构需要支付的创新成本时，如果协同创新所获得的增值收益 $\Delta R > \dfrac{(1+r)c_2 + q\Delta R - C_2'}{1-\alpha}$ 时，企业和高校、科研机构会选择进行合作；反之，如果 $\Delta R > \dfrac{(1+r)c_2 + q\Delta R - C_2'}{1-\alpha}$ 时，企业会选择合作，而高校和科研机构会选择不合作。

④ $q\Delta R < \min\{C_1, C_2\}$ 时，分析演化稳定性，结果如表 6-14 和表 6-15 所示。

表 6-14　局部稳定分析结果

	$(1-\alpha)\Delta R - rC_2 + C_2' > C_2 - q\Delta R$					
	$\alpha\Delta R - rC_1 + C_1' > C_1 - q\Delta R$			$\alpha\Delta R - rC_1 + C_1' < C_1 - q\Delta R$		
	行列式符号	迹符号	结果	行列式符号	迹符号	结果
O（0,0）	+	–	ESS	+	–	ESS
A（0,1）	+	+	不稳定点	–	+/-	鞍点
B（1,0）	+	+	不稳定点	+	+	不稳定点
C（1,1）	+	–	ESS	–	+/-	鞍点
D（x,y）	–	0	鞍点			

表 6-15　局部稳定分析结果

	$(1-\alpha)\Delta R - rC_2 + C_2' < C_2 - q\Delta R$					
	$\alpha\Delta R - rC_1 + C_1' > C_1 - q\Delta R$			$\alpha\Delta R - rC_1 + C_1' < C_1 - q\Delta R$		
	行列式符号	迹符号	结果	行列式符号	迹符号	结果
O（0,0）	+	–	ESS	+	–	ESS
A（0,1）	+	+	不稳定点	–	+/-	鞍点
B（1,0）	–	+/-	鞍点	–	+/-	鞍点
C（1,1）	–	+/-	鞍点	+	+	不稳定点

由分析结果可知，当某一方选择违约所承担的违约金不足以弥补企业和高校科研机构创新所需要支付的成本，且

$$\Delta R > \max\left\{\frac{(1+r)C_1 + q\Delta R - C_1'}{\alpha}, \frac{(1+r)C_2 + q\Delta R - C_2'}{1-\alpha}\right\}$$

时，O（0,0），A（0,1），B（1,0），C（1,1），D（x,y）均为平衡点。其中，O（0,0）和 C（1,1）是局部渐进稳定点，即演化稳定策略为（合作，合作）或（不合作，不合作）。这意味着企业和高校、科研机构或者选择协同创新，或者选择不合作。剩余三种情况中，O（0,0），A（0,1），B（1,0），C（1,1）为平衡点，其中仅有 O（0,0）是局部渐进稳定点，即演化稳定策略为（不合作，不合作）。这意味着企业和高校、科研机构都选择不合作的策略。

（4）结论

通过分析产学研协同创新的演化博弈，可以得出以下结论：

①　如果合作过程中终止合作所需要支付的违约金过低，则导致企业和高校、科研机构均会采取"不合作"策略。这是因为，参与博弈的双方都会担心，合作过程中另外一方中途退出而自己不能够得到足够的补偿，进而选择"不合作"来减少协同创新的风险。可见，如果新兴产业创新生态系统中建立起针对产学研合作的合理惩罚机制，则企业和高校、科研机构合作的概率就会增加。

②　产学研协同创新的增值收益是博弈双方选择是否"合作"的重要因素之一。一方面，增值收益的大小直接关系到合作双方所能获得的收益大小；另一方面，增值收益涉及需要支付的违约金大小。因此，除了要建立合理的惩罚机制外，还需要减少协同创新的成本，从而提高增值收益。

本章对新兴产业创新生态系统演化的前提、过程、机制进行了分析。首先，对新兴产业创新生态系统演化的前提——"新奇创生"进行了详细论述；之后，基于生命周期理论将新兴产业创新生态系统的演化过程分为孕育期、成长期、成熟期和衰退期，并详细分析了每一个阶段的特征；最后，根据演化经济学遗传、变异和选择的分析框架，分别从创新扩散、适应性学习和适应性策略等角度讨论了新兴产业创新生态系统的演化机制，并以互联网产业为例，采用 Bass 模型对新兴产业创新生态系统的创新扩散机制进行了实证分析。

第七章

新兴产业创新生态系统的政策体系研究

　　本书基于对新兴产业创新生态系统的结构、功能、形成、运行和演化的分析，构建政策体系，拟为新兴产业创新生态系统的政策制定提供理论参考。

第一节　新兴产业创新生态系统形成的政策体系

一、建立开放的创新生态系统环境

　　开放性是新兴产业创新生态系统得以稳定发展的前提。系统只有开放才能促进创新主体和创新资源的集聚和流动，从而促进新兴产业创新生态系统的形成。开放的新兴产业创新生态系统包括系统整体对外开放和系统内部创新主体之间的开放两方面。

（一）降低新兴产业创新生态系统的准入门槛

　　开放性对于新兴产业创新生态系统形成的初期尤为重要。政府应该在新兴产业创新生态系统形成初期放宽相关企业的准入条件，例如简化企业登记注册的审批条件、降低企业注册资金等。另外，还应该给予进入系统的企业财税和融资方面的支持，并通过制定人才流动政策、知识产权保护政策、科技成果转移转化政策等来促进创新主体和创新资源向系统内的流动。

（二）加强创新主体之间的互动和交流

创新主体之间的开放是协同合作的基础。政府应该通过引导加强创新主体之间的交流，例如建立相关产业协会、创新论坛等多种形式，促进政府、企业、高校等创新主体之间知识、信息、技术的共享和交流，实现创新主体之间资源互补式合作，从而提升新兴产业创新生态系统整体的创新能力。

二、促进创新主体的成长和集聚

（一）促进创新主体多元化发展

第一，鼓励高层次科技人才创业。高层次科技人才是集研发、创新、管理等能力于一身的科技人才。高层次科技人才队伍是创新的主力军和核心成员。高层次科技人才创业一方面有助于培养高质量的科技创新企业，另一方面有助于科技成果的转化。因此，政府应该出台鼓励高层次人才创业的激励政策，实现创新主体数量和质量的双重提升。

第二，加快高质量科技企业孵化器建设。科技企业孵化器是培育具有核心竞争力的科技型企业的专业机构，即通过为初创企业提供咨询、信息、资金等服务来促进科技企业的孵化。我国科技企业孵化器数量虽然逐年上升，形式也多种多样，但高质量的科技企业孵化器较少，影响了新兴产业相关企业的孵化。政府应该提高国家级科技企业孵化器的比重，从而加快科技企业的孵化速度。

第三，培育多种类型的新型科研机构。新型科研机构是以市场需求为导向、以现代化管理制度运行的、具有多元化投资主体的科研组织，相比传统科研机构具有更强的创新能力和科技成果转化能力。政府应该在培育新型科研机构方面予以政策倾斜，支持新型科研机构的发展，充分发挥这些机构在主导产业和产业技术创新中的重要作用。

（二）强化创新主体的核心优势

第一，增强企业的技术创新能力。在新兴产业创新生态系统的形成过程中，具有强大创新能力的企业是促进创新主体集聚的核心力量，也是技术创新的核心主体。因此，增强企业技术创新能力对于新兴产业创新生态系统的形成和创新能力的提升具有重要意义。一方面，政府应该进一步加大对核心企业的支持力度，增强企业自主创新和创新引进吸收的能力，使其争取在核心技术和关键技术上有所突破，力争成为新兴产业的龙头企业，发挥其技术创新的示范引领作用。另一方面，政府应该通过税收、金融等优惠政策，鼓励核心企业将非核心业务外包给配套企业，促进配套企业与核心企业之间的交流，提升配套企业的创新能力，更好地为核心企业服务的同时实现自身的发展，从而促进整个产业创新能力的提升。

第二，提升高校和科研机构的基础研究能力。高校和科研机构是创新的来源，是新兴产业创新生态系统创新的支撑力量。政府应该进一步加大对高校和科研机构科研活动的支持。一方面要培养和引进从事基础研究的顶尖人才，培育基础性研究的领军人物和学科带头人，完善人才评价体系，建立适度量化、以质为主的科研评价制度；另一方面要建设和培育一批与国家科技长期发展相适应的基础性研究机构和研究型大学，积极构建完整的学科体系，重点发展基础性学科、交叉学科和新兴学科，鼓励其开展具有探索性的基础研究，重点加强基础性、原创性、原理性的研究，以形成具有较高水平的基础研究体系，为创新生态系统的演进提供原动力。

第三，充分发挥政府的政策引导能力。政府缺位、越位和错位现象的出现都会对新兴产业创新生态系统的形成产生不利影响。政府应当在新兴产业创新生态系统的形成过程中发挥引导和支持作用，在遵循市场规律的前提下，制定有利于创新主体和创新资源集聚和流动的相关政策。

（三）促进产学研协同创新

第一，创新产学研合作模式。根据新时代的发展需求，结合各方所在地的区域特点、当地产业特征以及产业未来发展的需求，鼓励创新主体积极探索适合创新主体发展和创新生态建设的产学研协同创新新模式。

第二，协调产学研主体各方利益。产学研合作往往由于参与主体的目标定位不清和利益分配不均导致合作失败。政府应该加强宏观调控与指导，完善人员奖励制度、利益分配机制和知识产权归属等方面的建设，保证合作主体目标的一致性和利益分配的合理性。

第三，建立产学研合作长效机制。通过签订产学研合作的长期合作协议，明确合作目标、厘清各方权利和义务。针对合作过程中出现的违约行为建立严格的责任追究制度，解决以往产学研合作条约形同虚设的问题。建立起以风险共担、利益共享为基础的产学研协同创新的长期合作模式。

三、推动基础设施信息化转型

（一）加快新型基础设施建设

在新兴产业创新生态系统的形成过程中，传统的基础设施已经不能满足新兴产业发展的需求，而大数据、人工智能、工业互联网、5G网络等新型基础设施是培育新兴产业的重要支撑。政府应该通过税收优惠和财政补贴拓宽融资渠道，加大新型基础设施投资，从而加快新型基础设施的建设。此外，政府应该在一些新兴产业集聚区优先试用新型基础设施，进一步促进创新主体和创新资源的集聚和流动。

（二）促进传统基础设施升级

在推进新兴基础设施建设的同时，也需要加快传统基础设施的改造和升级。一是将大数据、人工智能、互联网与传统基础设施进行融合，从根本上促进传统基础设施的信息化转型；二是要在现有的传统基础设施基础上叠加数字技术，全面促进交通、能源、通信等传统基础设施的智能化和信息化。

第二节　新兴产业创新生态系统运行的政策体系

一、加快提升系统创新动力

（一）强化企业创新主体地位

企业在新兴产业创新生态系统中既是生产者又是消费者，强化企业创新主体地位对新兴产业创新生态系统创新能力的提升具有重要作用。

第一，鼓励和引导企业进一步加大研发的投入力度。政府应该出台企业研发费用和融资方面的优惠政策，支持企业以市场需求为导向建立研发机构，鼓励企业围绕新兴产业的战略需求开展基础研究，并在科研经费上予以一定的支持。

第二，加强企业科技成果转化的能力。政府通过建立科技成果转化的专项基金和重大项目，为企业科技成果转化提供资金上的支持。此外，政府还应该围绕企业建立科技成果转化的服务平台，为企业提供研发设计、技术评估、检验检测等服务，鼓励企业将新技术、新工艺、新产品实现产业化，从而推动新兴产业的发展。

第三，引导龙头企业与高校、科研机构的合作。以培育和发展新兴产业为目的，建立以企业为主导的产学研协同创新联盟，通过合作提升企业技术创新和产品创新的能力，并实现创新链和产业链的对接。

（二）深化科技体制机制改革

与新兴产业创新生态系统相适应的科技体制机制对激发创新主体活力具有重要的作用。

第一，完善科技激励机制。一是建立公平合理的薪酬制度，保证科研人员的成果与薪酬正相关，充分发挥薪酬的激励作用。二是加大科研奖励力度，提高现有奖项奖金标准，引导社会团体和民间机构设立高质量的奖项，激发科研人员创新的热情和积极性。三是建立公平的科技奖励运行机制，加强监督，保证科技奖励评审的公平公正。

第二，完善科技评价机制。一是采用匿名同行评议与国际同行评价，并建立独立专业的第三方评价机构，延长评价结果公示的时间，以保证评价的公平公开。二是建立分类评价指标体系，避免"一刀切"的评价指标，根据所处科研领域的特点、科研人员所处不同岗位制定多样化的评价指标，保证评价的科学性。三是高校和科研院所应该破除"论文至上"的评价标准，不再以论文和专利数量作为科研人员绩效的主要评价指标，针对不同资历的科研人员制定多层次的评价方法，回归科研初心，提升科研人员的积极性。

第三，完善科技成果转化机制。一是应该完善科研成果转化的收益分配制度，制定合理的科技成果转化收益的分配原则，协调各方主体权益。二是完善知识产权保护制度，通过制定相关的法律法规来加强知识产权的保护力度，保证成果出让方的利益。

（三）加强创新文化建设

创新文化是创新的重要推动力，新兴产业创新生态系统的运行必须以创新文化作为支撑。从微观角度，创新文化表现为创新个体的创新精神；从宏观角度，创新文化表现为整个社会的创新氛围。

第一，弘扬创新精神。创新精神是指创新个体信念、经验和价值观等的集合，具有敢于冒险、主动求变、勇于挑战权威、能够独立思考等特征。企业作为新兴产业创新生态系统中的核心创新主体，企业家的创新精神至关重要。政府要对成功的企业家做出奖励，并将其成功经验进行宣传和推广，树立创新致富的价值导向，对其他企业起到示范和带头作用，从而带动整个系统中企业的创新。科学家是科技创新的实践主体，他们创新、专注、务实、守正、奉献的特质推动了科学技术的进步，而科学技术的进步是新兴产业创新生态系统的重要动力。因此，要大力弘扬科学家精神，树立科学家榜样，激励科学工作者的创新热情。

第二，营造创新氛围。创新氛围既是鼓励组织成员勇于创新、容忍失败的价值观，也是促进创新行为的组织结构与制度，还是有利于创新的环境。一是培养自由平等的文化，鼓励创新者勇于表达自我观点，建立民主决策的体制机制，形成创新面前无尊卑的创新氛围。二是培养容忍失败的宽容文化。创新是一项高风险的活动，需要经历反复的失败过程才可能成功。对于科研人员的失败要给予极大的宽容，鼓励科研人员从事高风险课题的研究，避免急于求成而造成的学术造假等问题的产生。三是培养诚信文化，加强科研人员的学术道德教育，树立以学术不端为耻的价值观，并加大对学术不端的惩罚力度，逐渐将学术诚信植入到创新文化当中。

二、构建科技创新支撑体系

（一）加强创新人才队伍建设

第一，提升创新人才培养能力。一是树立创新要从娃娃抓起的理念，以培养创新人才为导向构建课程体系，培养中小学生的创新意识。二是发挥高校和科研机构培养高层次创新人才的优势，将科技创新与教学进行有机结合，加强新兴学科建设，鼓励学生参与科研项目，完善科研基础设施，举办具有影响力的创新活动，设立有含金量的创新奖项，激发学生的创新热情。三是深化校企合作，以新兴产业需求为导向，通过共建实验室、共建研发平台、建立博士后工作站等形式加强企业和高校、科研机构的合作，培养具有创新能力的应用型人才。

第二，加大创新人才引进力度。一是围绕新兴产业领域，引进与新兴产业发展目标相匹配的高端创新人才，实现人才的精准引进。二是制定具有竞争优势的人才引进政策，切实解决高层次创新人才所关心的职业发展、薪资待遇、住房教育等问题，并加强政策执行的监督机制，确保政策的真正落实。三是制订人才保留计划，除了满足创新人才的物质需求，还为其提供能够实现自我价值的职业发展平台，并在不断引进人才的过程中，促进现有人才和引进人才的协同发展，避免政策的过度倾斜，确保人才能够"引得进"还能"留得住"。

（二）推进科技金融深度融合

第一，完善科技信贷支持。一是依托商业银行设立专门的科技信贷机构，为新兴产业企业提供全生命周期的信贷服务。二是创新科技信贷产品，立足科技企业发展需求，结合新兴产业的发展阶段和企业特点，适时推出多样化的信贷产品，满足不同企业的信贷需求。三是完善科技信贷风险补偿机制，对于由于信贷而导致贷款本金损失的金融机构进行风险补偿，从而降低新兴产业中、小企业的信贷门槛。

第二，健全科技企业投融资体系。一是建立市场化运行的创业基金，并通过政府引导，其进入新兴产业领域，解决新兴产业企业融资困难的问题。二是扩宽企业融资渠道，引导社会主体支持新兴产业科技创新活动，增加科技创新资金投入的多样性。三是改善融资环境，完善投融资风险补偿机制，充分发挥政府融资担保的作用，进一步为新兴产业企业提供资金支持。

第三，完善科技金融服务体系。一是有效发挥政府财政、税收等政策对科技金融的引导和支持作用。二是建立科技金融信息服务平台，搭建新兴产业企业与金融机构之间沟通的桥梁，避免信息不对称而导致的融资困难。三是在新兴产业集聚区建立综合性的金融服务机构，加强政府各部门金融工作的统筹，提升新兴产业创新生态系统中科技创新活动的运行效率。

（三）完善科技中介服务体系

第一，加大对科技中介机构的政策扶持。政府为科技中介机构的发展提供税收、补贴、金融等优惠，促进科技中介机构的多元化发展，建立覆盖全新兴产业创新链的科技中介服务体系。

第二，建设科技中介机构人才队伍。一是对现有科技中介服务从业者进行专业培训，通过设立具有含金量的从业资格证书对加入该行业的人员进行考核。二是鼓励高校和科研机构中的高层次人才从事科技中介服务事业。

第三，加强科技中介机构的监管。科技中介服务行业目前仍然属于一个新兴行业，相关法律法规还不健全，因此要通过完善法律法规来促进科技中介服务行业规范有序地发展，从而更好地发挥其在新兴产业创新生态系统中的纽带作用。

三、完善科技创新保障机制

（一）完善创新激励政策体系

第一，完善创新财政政策。一是完善政府采购机制，根据新兴产业的发展更新产品名录，建立以市场需求为基础的产品更换机制，提升政府采购透明度，充分发挥市场需求对新兴产业的拉动作用。二是增加对新兴产业创新的财政投入，设立新兴产业科技创新专项资金，对突破新兴产业核心和关键技术的项目给予重点支持。三是改变单一无偿的资金支持方式，采用有偿与无偿相结合的方式，提高财政资金的使用效率。四是发挥政府融资担保功能，对新兴产业中的重点企业给予担保支持，保证其能够顺利融资投入科技创新。

第二，完善创新税收政策。一是统筹建立创新税收优惠体系，根据新兴产业创新生态系统发展的不同阶段以及创新主体的不同特点制定不同的税收优惠政策。二是优化税收优惠方式,加大研发费用加计扣除、投资抵免等间接税收优惠的力度,激励企业创新。三是针对创新主体协同创新合作给予税收优惠,同时将税收优惠政策向重点研发项目和科技成果转化上倾斜,促进产学研协同创新和科技成果转化。

第三,完善知识产权保护体系。一是通过对知识产权相关知识的推广和宣传,树立正确的知识产权价值观,提升新兴产业创新生态系统内创新主体知识产权保护意识,营造保护知识产权的良好氛围。二是完善《商标法》《专利法》《知识产权保护法》等与知识产权相关的法律法规,全面加强知识产权的司法保护和行政执法保护力度,切实保证创新主体在知识产权方面的合法权利,激励创新主体创新。

(二)搭建科技信息共享平台

第一,加强新兴产业科技信息平台建设,打造知识产权交易市场、成果信息网站、科技创新成果展览与交流会等平台机构,打破高校、科研机构与产业界的沟通屏障。第二,丰富科技成果信息平台的内容,提供新兴产业发展政策、新兴产业发展趋势以及新技术、新产品等信息,并提供新兴产业创新生态系统内创新主体的构成和服务内容,实现创新资源的整合和合理配置,使创新主体能够及时了解新兴产业行业动态,从而降低信息搜寻的成本,促进创新主体之间的合作。第三,加强政府对科技信息的监管,保证科技信息的真实性和可靠性,为创新主体的决策提供有效参考。

(三)营造公平竞争市场环境

第一,完善市场监管的法律法规。建立与新兴产业发展相适应的市场监管法律法规,加强执法力度,对市场上的不正当竞争行为实施严厉打击,保证新兴产业市场的公平竞争。第二,鼓励多方力量参加到市场监管中,并结合互联网等技术手段,发挥群众监督的力量,同时鼓励企业加强自我监督,有效地提升市场监管工作的效率。第三,优化新兴产业市场的准入环境,对于初进入市场的新兴产业企业放宽准入门槛,简化其在注册、登记等方面的程序,推动新兴产业生态系统的良性发展。

第三节　新兴产业创新生态系统演化的政策体系

一、转变政府职能

新兴产业创新生态系统的演化离不开政府的作用，但在不同的发展阶段对政府的需求不同。因此，政府应该随时调整在新兴产业创新生态系统中不同阶段的自身定位，建立真正的服务型政府。

新兴产业创新生态系统的孕育期，政府应该发挥引导和支持的作用，对系统内的创新主体给予资金和政策上的支持，并建设新兴产业创新生态系统所需要的基础设施，构建有利于新兴产业创新生态系统形成的环境。新兴产业创新生态系统的成长期，政府应该转变其定位，减弱引导和支持的作用，重点发挥政府的规范功能，完善相关的法律法规，规范创新主体的行为，为新兴产业创新生态系统营造良好的创新环境，激发创新主体的创新活力。新兴产业创新生态系统的成熟期，系统已经处于稳定运行的状态，政府应该以发挥保障功能为主，以提高系统运行效率为目标，建立新兴产业创新生态系统的协调机制。处于成熟期的新兴产业创新生态系统可能会由于市场环境的变化而走向衰退期，因此政府还要随时关注系统的发展状态，发挥其引导功能，在系统出现衰退迹象时，帮助系统找到新的创新动力，促进系统的演化和进化。

二、促进创新扩散

新兴产业创新生态系统中的创新扩散主要取决于创新者对创新成果扩散的积极性、创新扩散渠道的畅通性和创新采纳者的接纳能力，故需要从这三个方面促进创新的扩散。

（一）提高创新者创新扩散的积极性

政府应该鼓励创新者对其创新成果进行推广，提高创新者创新扩散的意识，并由政府或社会团体为创新者提供创新成果交流平台，加强创新者和创新采纳者的交流。在推广的过程中，为创新者提供知识产权方面的保护，充分保障创新者的创新利益，从而提高创新者对创新扩散的积极性。

（二）打通创新扩散的渠道

科技中介机构是新兴产业创新生态系统中最主要的创新扩散渠道，因此要大力发展科技信息咨询、技术评估、科技成果转移转化、创新人才服务等科技中介机构，为创新者和创新采纳者搭建沟通和交流的桥梁。同时，要优化技术市场发展环境，促进现代技术市场体系建设，提高创新的扩散速度。此外，在大众传播方面，采取传统媒体和新媒体相结合的方式，利用互联网和现代信息技术手段对创新成果进行推广，提高创新扩散的速度。在人际传播方面，通过加强创新主体之间的合作，促进创新人才之间的交流，从而促进创新的扩散。

（三）提升创新采纳者的接纳能力

新兴产业创新生态系统内的创新采纳者主要是企业。企业家精神、企业创新意识、企业实力等因素都决定了企业对于创新的接纳能力。政府应该通过完善创新创业相关政策，鼓励具有创新能力和冒险精神的人才创业，并通过提高企业的创新意识，激发企业引进新技术的积极性。

本章基于对新兴产业创新生态系统形成、运行和演化的研究，对新兴产业创新生态系统的发展提出了政策建议。首先，从建立开放的创新生态系统环境、促进创新主体的成长与集聚以及推动基础设施的信息化转型三个方面构建了新兴产业创新生态系统形成的政策体系。其次，从加快提升系统创新动力、构建科技创新支撑体系和完善科技创新保障机制方面构建了新兴产业创新生态系统运行的政策体系。最后，从转变政府职能和促进创新扩散两个方面构建了新兴产业创新生态系统演化的政策体系。

第八章

结论与展望

　　本书基于国内外已有的研究成果，结合生态系统、系统科学、演化经济和产业创新等理论，对新兴产业创新生态系统的内涵进行了界定，在此基础上对新兴产业创新生态系统的特征、结构和功能进行了详细地阐述。随后从创新主体集聚、创新资源的集聚和流动、创新群落的形成三个方面系统地分析了新兴产业创新生态系统的形成过程。根据系统运行规律和新兴产业的特点，研究了由动力机制、竞合机制、扩散机制和保障机制协同构成的新兴产业创新生态系统的运行机制，并从静态和动态两个方面，以高技术产业为例，对新兴产业创新生态系统的运行效率进行评价。运用演化经济学和演化博弈理论对新兴产业创新生态系统的演化前提、演化过程和演化机制进行了研究。最后，从新兴产业创新生态系统的形成、运行和演化三个方面构建了新兴产业创新生态系统的政策体系。基于上述分析，本书得出以下结论：

　　第一，新兴产业创新生态系统在特征、结构和功能方面与自然生态系统具有极大的相似性。通过分析新兴产业、生态系统、产业创新生态系统的内涵和特征，提炼了新兴产业创新生态系统的内涵。根据生态系统理论可知，新兴产业创新生态系统具有与自然生态系统相似的结构，故可以利用生态系统的分析框架，将新兴产业创新生态系统分为生物组分和非生物组分，并对构成要素之间的复杂关系进行分析，最终提出由核心创新层、辅助创新层和创新环境层共同构成的新兴产业创新生态系统的三层次耦合结构。此外，结合系统功能和生态系统功能，基于新兴产业创新生态系统的特征，发现新兴产业创新生态系统除了具有能量流动、物质循环和信息传递构成的基本功能以外，还具有自适应和修复功能、资源配置优化功能和风险规避功能。

第二，新兴产业创新生态系统形成的本质是创新主体集聚、创新资源集聚和流动、创新种群增长的过程。其中，创新主体的集聚首先是由企业主导、政府引导、高校和科研机构衍生完成的创新主体集聚。在创新主体集聚完成后，会形成由多个创新主体构成的产业链、创新链、资金链和服务链的链式结构，继而形成错综复杂的新兴产业创新生态网络，即新兴产业创新生态系统的雏形。创新资源的集聚和流动是相伴而生的，创新资源的集聚也是由点及面的过程，伴随着创新主体之间的互动，创新资源在系统内外流动。创新种群的增长同生物种群的增长具有相似的规律，均符合 Logistic 增长模型。本书通过构建创新种群增长模型，运用回归分析方法对生物医药这一新兴产业创新种群的增长规律进行了分析，证明了创新种群的增长即创新群落的形成符合自然生态系统中种群增长的规律。

第三，新兴产业创新生态系统是在动力机制、竞合机制、扩散机制和保障机制的协同作用下运行的。新兴产业创新生态系统在动力机制的作用下进行创新，在竞合机制的作用下展开创新主体之间的竞争和共生，同时扩散机制加速创新在系统中的扩散，而上述机制又都是在保障机制的配合下运行的。基于对新兴产业创新生态系统运行的研究，本书实证分析了高技术产业创新生态系统的运行效率。静态分析结果显示：高技术产业 6 大行业中，医药制造业和医疗仪器设备及仪器仪表制造业创新生态系统的创新资源未能得到有效利用；21 个细分行业中，仅有通信系统设备制造、通信终端设备制造以及计算机整机制造的创新生态系统对创新资源的配置是有效的，其他行业均处在规模报酬递增阶段，需要调整创新资源的投入。动态分析结果显示：高技术产业创新生态系统整体上是靠技术进步来推动的，需要加大创新资源投入，并在关键和核心技术上有所突破。综合来看，高技术产业创新生态系统当前的运行机制没能很好地发挥作用，还需要进一步调整。

第四，新兴产业创新生态系统在"新奇创生"的前提下，在遗传机制、变异机制和选择机制的共同作用下进行演化，并会经历包含孕育期、成长期、成熟期和衰退期的演化过程。其中，遗传机制通过创新扩散来发挥作用，本书运用 Bass 模型验证了宽带网络在互联网产业创新生态系统中的扩散符合罗杰斯的"S"型曲线；变异机制是通过适应性学习发挥作用，包括惯例搜寻和新惯例发现的过程；选择机制包括被动选择和主动选择，被动选择是外部环境对新兴产业创新生态系统的选择过程，主动选择是新兴产业创新生态系统内创新主体选择竞争策略、合作策略和产学研协同策略主动适应环境变化的过程。

第五，新兴产业创新生态系统的政策体系应该从系统的形成、运行和演化三方面来构建。新兴产业创新生态系统形成的政策体系，应该以建立开放的创新生态系统环境、促进创新主体的成长和集聚以及推动基础设施信息化转型为依据；新兴产业创新生态系统运行的政策体系应该包括：加快提升系统创新动力、构建科技创新支撑体系和完善科技创新保障机制三个方面；新兴产业创新生态系统演化的政策体系，主要从转变政府在系统演化不同阶段的职能和促进创新扩散两个方面来考虑。

综上所述，本书对新兴产业创新生态系统进行了深入的研究，但在实践中也发现了这一课题的复杂性。由于本人研究能力和研究时间有限，对该课题的研究仅取得了初步的研究成果，尚有许多问题有待进一步地探索。首先，在对新兴产业创新生态系统形成的研究中，创新主体集聚、创新资源集聚和流动只停留在定性分析层面，未能做定量分析，故分析的深度不够。其次，运用 DEA 模型对新兴产业创新生态系统运行效率进行评价时，无法获取反映新兴产业创新生态系统运行真实情况的一些指标数据，导致没能将这些指标体现在模型中，从而降低了评价结果的精准性。最后，在运用演化博弈理论分析新兴产业创新生态系统中创新主体适应性策略时，只考虑了处于同一技术领域的新兴企业的合作策略，没有考虑处于不同技术领域的成熟企业的合作策略，且没能用具体的案例进行验证，故还需要进一步地探讨。因此，在未来的研究中，应该从以上几个方面进行更深入地分析和研究。

参考文献

[1] Abandoning Innovation in Emerging Industries[J]. Customer Needs & Solutions, 2014(2): 91-104.

[2] Adner R, Kapoor R. Value creation in innovation ecosystems: How the structure of technological interdependence affects firm performance in new technology generations[J]. Strategic Management Journal, 2010, 31: 306-333.

[3] Adner R. Match your innovation strategy to your innovation ecosystem[J]. Harvard Business Review, 2006, 84(4): 98-107.

[4] Arho, Suominen, Marko. A bibliometric review on innovation systems and ecosystems: a research agenda[J]. European Journal of Innovation Management, 2019.

[5] Ashish A, Sharon B, Andrea P. A theory of the US innovation ecosystem: evolution and the social value of diversity[J]. Industrial and Corporate Change, 2019(2): 2.

[6] Cantwell J, Dodgson M, Rothwell R. The Handbook of Industrial Innovation[J]. Economic Journal, 1996, 106(436): 728.

[7] Chae, Bongsug. A General framework for studying the evolution of the digital innovation ecosystem: The case of bigdata[J]. International Journal of Information Management, 2018(10): 83-94.

[8] Dodgson M, Gann D, Phillips N, et al. The Oxford hand book of innovation management[M], Oxford: Oxford University Press, 2014: 204-228.

[9] Elias G Carayannis, David F J Campbell. 'Mode 3' and 'Quadruple Helix': Toward a 21st century fractal innovation ecosystem[J]. Journal International De La Gestion Technologique, 2009, 46(3/4): 201-234(34).

[10] Furr N, Shipilov A. Building the Right Ecosystem for Innovation[J]. MIT Sloan Management Review, 2018, 59(4): 59-64, 92.

[11] Gary Gereffi. International Trade and Industrial Up-Grading in the Apparel Commodity Chain[J]. Journal of International Economics, 1999, 48(1): 37-70.

[12] Gawer A, Cusumano M A. Industry Platforms and Ecosystem Innovation[J]. Journal of Product Innovation Management, 2014, 31(3): 417-433.

[13] Harfield T. Competition and cooperation in an emerging industry[J]. Strategic Change, 1999, 8(4): 227-234.

[14] Hwang V, Mahogunje A. The new economics of innovation ecosystems[J]. Stanford Social Innovation Review, 2013, 8(06): 123-125.

[15] M. Iansiti, R. Levien. Strategy as ecology[J]. Harvard Business Review, 2004(3): 51-62.

[16] Metcalfe S, Ramlogan R. Innovation Systems and the Competitive Process in Developing Economies[J]. Quarterly Review of Economics & Finance, 2005, 48(2): 433-446.

[17] Mukherjee V, Ramani S V. R&D cooperation in emerging industries, asymmetric innovative capabilities and rational for technology parks[J]. Theory Decis, 2011(71): 373-394.

[18] Murphyl M, Edwards L. Bridging the Valley of Death: Transitioning from Public to Private Sector Financing[R]. Colorado: National Renewable Laboratory, 2003: 3-5.

[19] Nina Shapiro. Innovation, New Industries and New Firms[J]. 1986, 12(1): 27-43.

[20] Rabelo R J, Bernus P. A Holistic Model of Building Innovation Ecosystems[C]. 15th IFAC Symposium on Information Control Problems in Manufacturing. 2015.

[21] Rahul C, Basole, et al. Coopetition and convergence in the ICT ecosystem[J]. Telecommunications Policy, 2015.

[22] Raven Rob. Strategic Niche Management for Biomass[J]. world mining news, 2005.

[23] Ray P K Ray S Resource constrained innovation for emerginge conomies: the case of the Indian telecommunications industry[J]. IEEE Transactions on Engineerings Management, 2010, 57(1): 144-156.

[24] Ritala P, Agouridas V, Assimakopoulos D, et al. Value creation and capture mechanisms in innovation ecosystems: a comparative case study[J]. International Journal of Technology Management, 2013(63): 244.

[25] Sawabe N, Egashira S. The knowledge management strategy and the formation of innovative networks in emerging industries[J]. Journal of Evolutionary Economics, 2007, 17(3): 277-298.

[26] Steven K, Elizabeth G. The Evolution of New Industries and the Determinants of Market Structure[J]. 1990, 21(1): 27-44.

[27] Suresh J, Ramra J R. Entrepreneurial ecosystem : Case study on the influence of environmental factors on entrepreneurial success[J]. Forbes, 2011(5): 25-31.

[28] Suseno Y, Laurell C, Sick N. Assessing value creation in digital innovation ecosystems: A Social Media Analytics approach[J]. The Journal of Strategic Information Systems, 2018.

[29] Vande V, Andrew H, Garud R. A frame work for understanding the emergence of new industries[J]. 1989.

[30] Walrave B, Raven R. Modelling the dynamics of technological innovation systems [J]. Research Policy, 2016, 45(9): 1833-1844.

[31] Yun J H, Mohan A V. Exploring open innovation approaches adopted by small and medium firms in emerging/growth industries: Case studies from Daegu-Gyeongbuk region of South Korea[J]. International Journal of Technology, Policy and Management, 2012, 12(1): 1-19.

[32] 罗杰斯. 创新的扩散[M]. 辛欣译. 北京：中央编译出版社，2002.

[33] 奥德姆. 生态学基础[M]. 孙儒泳等译. 北京：人民教育出版社，1981.

[34] 白俊红，江可申，李婧. 中国区域创新系统创新效率综合评价及分析[J]. 管理评论，2009，21(09): 3-9.

[35] 鲍萌萌，武建龙. 新兴产业颠覆性创新过程研究——基于创新生态系统视角[J]. 科技与管理，2019，(113): 12-17.

[36] 波特. 国家竞争优势[M]. 李明轩，邱如美译. 北京：中信出版社，2007.

[37] 曹如中，高长春，曹桂红. 创意产业创新生态系统演化机理研究[J]. 科技进步与对策，2010，27(21): 81-85.

[38] 曾国屏，苟尤钊，刘磊. 从"创新系统"到"创新生态系统"[J]. 科学学研究，2013(1): 6-14.

[39] 常爱华. 区域科技资源集聚能力研究[D]. 天津：天津大学出版社，2012.

[40] 陈春生，杜成功，路淑芳. 创新理论与实践[M]. 石家庄：河北人民出版社，2014.

[41] 陈吉明. 科学技术简史[M]. 成都：西南交通大学出版社，2013.

[42] 陈健，高太山，柳卸林. 创新生态系统：概念、理论基础与治理[J]. 科技进步与对策，2016，33(17): 153-160.

[43] 陈劲，黄海霞，梅亮. 基于嵌入性网络视角的创新生态系统运行机制研究——以美国 DARPA 创新生态系统为例[J]. 吉林大学社会科学学报，2017，57(02): 86-96，206.

[44] 陈瑜，谢富纪，于晓宇，等. 战略性新兴产业生态位演化的影响因素及路径选择[J]. 系统管理学报，2018，27(03): 414-421，451.

[45] 陈瑜，谢富纪，张以彬. 战略性新兴产业技术创新的生态位演化[J]. 科技管理研究，2016，36(23): 6-10.

[46] 陈瑜，谢富纪. 基于 Lotka-Voterra 模型的光伏产业生态创新系统演化路径的仿生学研究[J]. 研究与发展管理，2012，24(03): 74-84.

[47] 崔杰，胡海青，王兆群. 创新生态系统演进范式与构成运作研究——以西安软件园为例[J]. 科技管理研究，2018，38(24): 18-25.

[48] 崔勤之. 简论市场公平竞争环境[J]. 甘肃社会科学，2005(04): 64-67.

[49] 丹皮尔. 科学史[M]. 北京：商务印书馆，1979.

[50] 董铠军. 微观视角下创新生态系统研究: 概念与界定[J]. 科技进步与对策，2017(8): 16-18.

[51] 杜传忠，刘忠京. 基于创新生态系统的我国国家创新体系的构建[J]. 科学管理研究，2015，33(04): 6-9.

[52] 杜勇宏. 基于三螺旋理论的创新生态系统[J]. 中国流通经济，2015(1): 91-99.

[53] 段小华，曹效业. 政府科技投入支持新兴产业的有效性评价方法[J]. 科学学研究，2010，28(11): 1673-1676，1730.

[54] 费艳颖，凌莉. 构建高效的国家创新生态系统[J]. 人民论坛，2019(18): 62-63.

[55] 傅春，王宫水，李雅蓉. 节能环保产业创新生态系统构建及多中心治理机制研究[J]. 科技管理研究，2019(3).

[56] 傅羿芳，朱斌. 高科技产业集群持续创新生态体系研究[J]. 科学学研究，2004(S1): 128-135.

[57] 甘天成，可星. 新兴产业创新生态系统的运行机制研究[J]. 科技与经济，2019(05): 16-20.

[58] 龚常. 长株潭城市群区域产业生态创新系统仿真研究[J]. 经济地理，2019，39(07): 22-30，49.

[59] 关涛，张永岳. 新兴产业群的发展与产业经济学的学科思考[J]. 贵州社会科学，2007(02): 120-124.

[60] 郭莉，苏敬勤. 基于 Logistic 增长模型的工业共生稳定分析[J]. 预测，2005(01): 25-29，6.

[61] 郭燕青，何地，姚远. 创新生态系统演进中的 NMSI 模型与案例[J]. 中国科技论坛，2017(12): 25-31.

[62] 哈肯. 协同学引论物理学、化学和生物学中的非平衡相变和自组织[M]. 徐锡申等译. 北京：原子能出版社，1984.

[63] 何向武，周文泳，尤建新. 产业创新生态系统的内涵、结构与功能[J]. 科技与经济，2015，28(04): 31-35.

[64] 洪帅，吕荣胜. 中国产业创新生态系统研究综述[J]. 经济问题探索，2017(05): 42-48，54.

[65] 黄凯南. 演化博弈与演化经济学[J]. 经济研究, 2009, 44(02): 132-145.

[66] 黄鲁成, 李江. 专利技术种群增长的生态过程: 协同与竞争——以光学光刻技术种群为例[J]. 研究与发展管理, 2010, 22(02): 24-31.

[67] 黄鲁成. 论区域技术创新生态系统的生存机制[J]. 科学管理研究, 2003(02): 47-51.

[68] 黄鲁成. 区域技术创新生态系统的特征[J]. 中国科技论坛, 2003(01): 23-26.

[69] 黄鲁成. 区域技术创新生态系统的调节机制[J]. 系统辩证学学报, 2004(02): 68-71.

[70] 黄鲁成. 区域技术创新生态系统的稳定机制[J]. 研究与发展管理, 2003(04): 48-52, 58.

[71] 黄炜, 宋为, 李岳峰. 基于 Logistic 种群增长模型的微信消息转发影响因素研究[J]. 情报理论与实践, 2018, 41(07): 78-86, 98.

[72] 霍绍周. 系统论[M]. 北京: 科学技术文献出版社. 1988.

[73] 贾根良. 理解演化经济学[J]. 中国社会科学, 2004(02): 33-41.

[74] 贾蔚文. 关于国家创新系统的几个问题[J]. 中国软科学, 1999(02): 51-53, 66.

[75] 康鹏. 新兴产业技术创新中的部门角色[J]. 工业技术经济, 2020, 39(02): 21-29.

[76] 克利斯·弗里曼, 罗克·苏特. 工业创新经济学第 3 版[M]. 华宏勋, 华宏慈等译. 北京: 北京大学出版社, 2004.

[77] 雷家骕, 彭勃, 张博. 基于数据包络分析的中国汽车产业创新系统效率研究[J]. 南京工业大学学报 (社会科学版), 2016, 15(01): 103-108.

[78] 李保红. ICT 创新经济学[M]. 北京: 北京邮电大学出版社, 2010.

[79] 李丹丹. 高技术产业创新资源集聚与创新产出[D]. 合肥: 中国科学技术大学, 2018.

[80] 李红, 左金萍. 高新技术产业创新生态系统的知识产权价值获取模型设计——基于 IMEC 的案例分析[J]. 中国科技论坛, 2018(10): 93-100.

[81] 李平, 王宏伟, 张静. 改革开放 40 年中国科技体制改革和全要素生产率[J]. China Economist, 2018, 13(01): 84-111.

[82] 李万，常静，王敏杰. 创新 3.0 与创新生态系统[J]. 科学学研究，2014，32(12): 30-32.

[83] 李正风，朱付元，曾国屏. 欧盟创新系统的特征及其问题[J]. 科学学研究，2002(02): 214-217.

[84] 李作志，苏敬勤，刘小燕. 中国高技术产业技术创新效率研究[J]. 科研管理，2019，40(12): 31-41.

[85] 梁军，赵方圆. 新兴产业与传统产业互动的影响因素研究——基于省际面板数据的实证分析[J]. 软科学，2016，30(02): 13-18.

[86] 林婷婷. 产业技术创新生态系统研究[D]. 哈尔滨: 哈尔滨工程大学，2012.

[87] 刘兵，赵雪，梁林，等. 区域创新生态系统与人才配置协同演化路径研究——以京津冀地区为例[J]. 科技管理研究，2019，39(10): 46-54.

[88] 刘畅，李建华. 五重螺旋创新生态系统协同创新机制研究[J]. 经济纵横，2019(03): 122-128.

[89] 刘贵富. 产业链形成过程研究[J]. 社会科学战线，2011(07): 240-242.

[90] 刘雪芹，张贵. 创新生态系统: 创新驱动的本质探源与范式转换[J]. 科技进步与对策，2016，33(20): 40-45.

[91] 刘增文，李雅素. 论生态系统的可持续性和持续林业[J]. 西北林学院学报，2003(04): 151-155.

[92] 迈克尔·波特. 竞争战略[M]. 陈小悦译. 北京: 华夏出版社，2005.

[93] 梅强，张兵，李文元. 战略性新兴产业创新生态系统风险控制机制研究——基于企业的视角[J]. 企业经济，2013，32(02): 23-26.

[94] 欧忠辉，朱祖平，夏敏. 创新生态系统共生演化模型及仿真研究[J]. 科研管理，2017(12): 52-60.

[95] 钱学森等. 论系统工程[M]. 长沙: 湖南科学技术出版社，1982.

[96] 冉奥博，刘云. 创新生态系统结构、特征与模式研究[J]. 科技管理研究，2014(23): 53-58.

[97] 任寿根. 新兴产业集群与制度分割——以上海外高桥保税区新兴产业集群为例[J]. 管理世界，2004(02): 56-62.

[98] 邵云飞，霍丽莎. 突破性创新的生态系统动态演化及实现机制——关系嵌入与组织合作适配视角[J]. 管理案例研究与评论，2018，11(04): 319-332.

[99] 盛昭瀚，蒋德鹏. 演化经济学[M]. 上海：三联书店，2002.

[100] 宋晶，高旭东，王一. 创新生态系统与经济增长的关系[J]. 技术经济，2017，36(12): 23-29.

[101] 宋燕飞，尤建新，栾强. 汽车产业创新生态系统仿真与影响因素分析[J]. 同济大学学报（自然科学版），2016，44(03): 473-481.

[102] 孙冰，徐晓菲，姚洪涛. 基于 MLP 框架的创新生态系统演化研究[J]. 科学学研究，2016，34(08): 1244-1254.

[103] 孙洪志. 生物种群动态模型[M]. 哈尔滨：东北林业大学出版社，1997.

[104] 孙金花，苟晓朦，杜姣. 基于 Lotka-Volterra 模型-Logistic 模型高校主导的创新生态系统动态演化研究[J]. 科技管理研究，2019，39(01): 12-19.

[105] 孙源. 共生视角下产业创新生态系统研究[J]. 河南师范大学学报（哲学社会科学版），2017，44(01): 127-134.

[106] 田家林，韩锋. 长三角地区生产性服务业群内生态位比较——基于产业生态视角[J]. 科技进步与对策，2012，29(01): 46-53.

[107] 汪艳红. 新兴产业的培育与发展研究[D]. 长春：吉林大学，2007.

[108] 王芳，饶德坤，游静，等. 基于生物进化的产业创新生态系统演化及仿真分析[J]. 科技管理研究，2018，38(23): 86-93.

[109] 王宏起，汪英华，武建龙. 新能源汽车创新生态系统演进机理——基于比亚迪新能源汽车的案例研究[J]. 中国软科学，2016(4): 81-94.

[110] 王宏伟，李平. 深化科技体制改革与创新驱动发展[J]. 求是学刊，2015，42(05): 49-56.

[111] 王家宝，刁雅钰，陈玮玮，等. 破坏性创新与新兴产业竞争优势——以网约车行业为例[J]. 工业工程与管理，2019，24(04): 167-173.

[112] 王丽平，李菊香，李琼. 科技服务业创新生态系统价值共创模式与协作机制研究[J]. 科技进步与对策，2017，34(06): 69-74.

[113] 王娜，王毅. 产业创新生态系统组成要素及内部一致模型研究[J]. 中国科技论坛，2013(05): 24-29，67.

[114] 王仁文. 基于绿色经济的区域创新生态系统研究[D]. 合肥：中国科学技术大学，2014.

[115] 王维国. 协调发展的理论与方法研究[M]. 北京：中国财政经济出版社，2000.

[116] 王伟光，冯荣凯，尹博. 产业创新网络中核心企业控制力能够促进知识溢出吗?[J]. 管理世界，2015(06): 99-109.

[117] 魏宏森，曾国屏. 系统论的基本规律[J]. 自然辩证法研究，1995(04): 22-27.

[118] 魏宏森，曾国屏. 系统论：系统科学哲学[M]. 北京：清华大学出版社，1995.

[119] 邬义钧，邱钧. 产业经济学[M]. 北京：中国统计出版社，1997.

[120] 吴金希. 创新生态体系的内涵、特征及其政策含义[J]. 科学学研究，2014(01): 46-53，93.

[121] 吴文经. 普通生物学[M]. 济南：济南出版社，2000.

[122] 吴言动，彭凯平. 传统产业向新兴产业转型升级的创新驱动机制与保障策略研究[J]. 科学管理研究，2018，36(03): 40-43.

[123] 吴照云，余焕新. 中国新兴产业市场结构演变规律探究——以有机硅产业为例[J]. 中国工业经济，2008(12): 134-143.

[124] 熊彼特. 经济发展理论[M]. 何畏译. 北京：商务印书馆，1990.

[125] 许箫迪，王子龙. 高技术产业生态位的构建与空间格局[J]. 改革，2008(02): 43-50.

[126] 薛虹，陆剑锋. 基于灰色理论的区域传统产业与新兴产业关联分析——以江苏省启东市为例[J]. 中国农业大学学报（社会科学版），2011，28(04): 178-184.

[127] 杨锋，梁樑，毕功兵，等. 国家创新系统的效率评价研究[J]. 科学学研究，2008，26(S1): 214-217.

[128] 姚婉琳. 新兴产业发展中的政府作用研究[D]. 大连：大连理工大学，2010.

[129] 尹中升，孟祺. 产业集聚与新兴产业成长关系研究[J]. 经济纵横，

2011(05): 18-20，95.

[130] 张春霞. 绿色经济发展研究[M]. 北京：中国林业出版社，2008.

[131] 张贵，刘雪芹. 创新生态系统作用机理及演化研究——基于生态场视角的解释[J]. 软科学，2016，30(12): 16-19，42.

[132] 张贵，吕长青. 基于生态位适宜度的区域创新生态系统与创新效率研究[J]. 工业技术经济，2017，36(10): 12-21.

[133] 张建斌. 资源型产业集群可持续发展的路径选择——基于生态学产业集群"S"型增长模型的思考[J]. 科技进步与对策，2012，29(19): 51-54.

[134] 张利飞. 高科技企业创新生态系统运行机制研究[J]. 中国科技论坛，2009(04): 57-61.

[135] 张笑楠. 战略性新兴产业创新生态系统构建与运行机制研究[J]. 技术与创新管理，2016，37(06): 595-600，618.

[136] 张运生. 高科技企业创新生态系统边界与结构解析[J]. 软科学，2008(11): 95-97，102.

[137] 赵放，曾国屏. 多重视角下的创新生态系统[J]. 科学学研究，2014，32(12).

[138] 郑春峰. 创新生态建构的机理与路径研究[D]. 杭州：中共浙江省委党校，2016.

[139] 郑志，冯益. 文化创意产业协同创新生态系统构建对策研究[J]. 科技进步与对策，2014，31(23): 62-65.

[140] 周叔莲，裴叔平. 试论新兴产业和传统产业的关系[J]. 经济研究，1984(08): 35-41.

[141] 周叶，黄虹斌. 战略性新兴产业创新生态系统自组织演化条件及路径研究[J]. 技术与创新管理，2019，40(02): 158-162.

[142] 庄亚明，李金生. 基于区域核心能力的新兴产业孵化模型研究[J]. 科学学与科学技术管理，2007(11): 130-134.

[143] 卓正大，张宏健. 生态系统[M]. 广州：广东高等教育出版社，1991.